Sous-Vide 2023

Sous-Vide Teknikarekin Eginiko Sukaldaritza Berriak

Anaia Arbelaitz

edukien taula

Behi txuletak piper eta pinu perretxikoekin 9
Txahal txuletak 11
Txahal Saltsa Oporto Ardoarekin 12
Portobello txahala 14
behi-saltsa 16
Dijon txahal gibela 18
Afrikako estiloko bildots txuletak abrikotekin 20
Arkume txuletak fruitu lehorrekin 22
Bildots-parrilla mostaza eta eztiarekin marinatua 24
Arkume Albondigak jogurt saltsarekin 26
Arkume arroza sorbalda pikantearekin 28
Chili Arkume txuletak sesamo haziarekin 30
Arkume gozoa Mostaza saltsarekin 31
Menta Limoi Bildotsa 33
Limoi bildots txuletak Chimichurri saltsarekin 35
Arkume hanka barazkiekin eta saltsa gozoarekin 37
Hirugiharra eta arkume gisatua 39
Limoi-piperra bildots txuletak papaia txuletarekin 41
Arkume pintxo pikanteak 43
Belar bildotsa barazkiekin 45
Arkume arrakala baratxuritan 47
Belar Erretako Bildotsa Lurrazala 49
Hegoafrikako bildots eta gerezi pintxo ezagunak 52
Arkume eta piper curry 55

Arkume Saiheskia Ahuntz Gaztarekin 57
arkume sorbalda 59
Jalapeno Arkume Errea 61
Arkume txuletak plantxan ezkaiarekin eta salbiarekin 64
Arkume txuletak Albahaka Chimichurrirekin 66
Harissa arkume pintxoak gazituak 68
Mostaza Gozoa Txerriki Tipula Kurruskaria 70
Txerri txuleta gozoak albahaka eta limoiarekin 72
Saiheskia txinatar saltsarekin 74
Txerri eta babarrun gisatua 76
Jerk Txerri Saiheskia 78
Txerri txuleta baltsamikoak 80
Hezurrik gabeko txerri saiheskia koko kakahuete saltsarekin . 82
Txerri solomoa limoiarekin eta baratxuriarekin 84
BBQ Txerri Saiheskia 86
Astigarrak Solomoa Sagar Salteatuarekin 87
Txerri sabela ketua piperrautsarekin 89
Txerri Tacos Carnitas 91
Txerri gazia mostaza eta melasa glazearekin 93
txerri lepo errea 95
Txerri saiheskia 97
Txerri txuletak ezkaiarekin 99
txerri txuletak 100
Salbia eta sagardo txuletak 102
Txerri solomoa erromeroarekin 104
Paprika Pancetta tipula perlarekin 105
Txerri txuletak tomatearekin eta patata purearekin 106

Arrautza eta hirugiharra kurruskariarekin txigortua 108

Solomo pikantea, papaia saltsarekin 109

Patata eta hirugiharra zaporetsua tipulinarekin 111

txerri txuleta kurruskariak 113

Txerri txuleta gozoa madari eta azenarioekin 115

Txerri eta perretxiko Ramen fideoak 117

Solomo zaporetsua aguakate saltsarekin 119

Behi errea cilantro eta baratxuriarekin 121

behi saiheskia txuleta 123

Frantziako estilo tradizionaleko txuleta 125

Behi txuleta txipotlearekin eta kafearekin. 127

txuleta errea ezin hobea 129

Behi-solomoa piperminarekin 131

Tamari txuleta arrautza nahasiarekin 133

Mediterraneoko albondigak zaporetsuak 135

Piper beteak 137

Frantses erara betetako haragi hanburgesak 139

Behi-txintxo ketua goxoa 141

Dijon Saltxitxak eta Curry Ketchup Behi 143

Hiru puntako txuleta baratxuri eta sojarekin 144

Korear erara labean txahal saiheski marinatua 145

Txuleta Tacos Karibeko Txiliarekin 147

Saiheski zaporetsua BBQ saltsarekin 149

Behi-solo pikantea 151

Belar Gona Txuleta 153

albondigak piperminarekin 155

Saiheski errea tomatearekin eta jalapeñoarekin 157

Greziako Albondigak jogurt saltsarekin 158
Solomoa piperminarekin 160
Erretegiko txahala errea 162
Solomo txuletak perretxiko krema saltsarekin 163
Prime Saiheskia Apio Belar Lurrazalarekin 165
Behi xerra Txalota eta Perrexilarekin 167
birrindua barbakoa errea 169
behi arrunta 170
Suzko Tomate Errea Solomoa 172
Solomoa Arbi Purearekin 174
Alboko Txuleta Tomate Errearekin 176
Behi txuleta udarearekin 178
Behi sorbalda perretxikoekin 180
Tomate Perretxikoak beteak 182
Behi gisatu klasikoa 184
baratxuri hanburgesak 186
beheko txahal gisatua 188
Behi-solomoa tomate saltsan 190
Txahalarekin Tipula 192
Baratxuri Saiheskia 194
Behi txuleta azenario txikiekin 196
Ardo Gorria Behi Saiheskia 198
Behi haragia piperrekin 200
behi stroganoff 202
Haragi ziztadak teriyaki saltsarekin eta haziekin 204
Limoi Piper Natilaren Txuleta 206
Behi eta barazki gisatua 208

Behi txuleta pikantea 210

Worcestershire Haragi Tarta 211

behi txuleta mozkortua 213

Gazta txuleta erroilua 214

Honey-Dijon Brisket 216

Erribeye gisatua erromeroarekin 218

Solomo Jainkotiarra Patata Purearekin 220

Txahal tarta perretxikoekin 222

Cheeseburgers klasikoak 224

Behi txuletak piper eta pinu perretxikoekin

Prestaketa + egosketa denbora: 3 ordu 15 minutu | Anoa: 5

Osagaiak:

500 g txahal txuleta

1 libra pinu perretxikoak, xerratan

½ Kopako limoi zuku berria

1 koilarakada erramu hosto, birrindua

5 piper ale

3 koilarakada landare olioa

2 koilarakada oliba olio birjina estra

Gatza eta piper beltza dastatzeko

Helbideak:

Prestatu ur-bainu bat, jarri Sous Vide bertan eta egokitu 154 F-ra.

Ondu txuletak gatz eta piperrez. Jarri hutsean itxi daitekeen poltsa batean geruza bakarrean limoi zukua, erramu hostoak, piperra eta oliba olioarekin batera. Poltsa zigilatu.

Sartu poltsa ur-bainuan eta egosi 3 orduz. Kendu ur-bainutik eta erreserbatu. Berotu landare-olioa zartagin handi batean.

Gehitu pinu-perretxikoak eta frijitu gatz pixka batekin su ertainean likido guztia lurrundu arte. Gehitu txahal txuletak marinadarekin batera eta jarraitu egosten beste 3 minutuz. Zerbitzatu berehala.

Txahal txuletak

Prestaketa + egosketa denbora: 2 ordu 40 minutu | Anoa: 4

Osagaiak:

2 (16 oz) txahal xerra
Gatza eta piper beltza dastatzeko
2 koilarakada oliba olio

Helbideak:

Prestatu ur-bainu bat, jarri Sous Vide bertan eta jarri 140 F-tan. Igurtzi txahalak piper eta gatzarekin eta jarri hutsean itxi daitekeen poltsa batean. Askatu airea ura desplazatzeko metodoa erabiliz eta zigilatu poltsa. Murgil zaitez ur-bainuan. Ezarri tenporizadorea 2 ordu eta 30 minuturako. Sukaldaria.

Tenporizadorea gelditu ondoren, kendu eta ireki poltsa. Kendu txahalak, lehortu paper eskuoihal batekin eta igurtzi oliba olioarekin. Aurrez berotu plantxa bat su bizian 5 minutuz. Jarri txuleta eta erre, bi aldeetatik oso gorrituta egon dadin. Kendu zerbitzatu taula batera. Zerbitzatu entsaladarekin.

Txahal Saltsa Oporto Ardoarekin

Prestaketa + egosketa denbora: 2 ordu 5 minutu | Anoa: 6

Osagaiak

3 koilarakada gurina

¾ Kopako barazki salda

Oporto ardo kopa erdi

¼ Kopako xerratan shiitake perretxikoak

3 koilarakada oliba olioa

4 baratxuri ale, xehatuta

1 porru, zati zuria bakarrik, txikituta

Gatza eta piper beltza dastatzeko

8 txahal txuleta

Erromero fresko adar 1

Helbideak

Prestatu bainu bat eta jarri Sous Vide bertan. Ekarri 141 F. Konbinatu salda, oporto ardoa, perretxikoak, gurina, oliba olioa, baratxuria, porrua, gatza eta piperra. Jarri txahalak hutsean itxi daitekeen poltsa handi batean. Gehitu erromeroa eta nahastu. Askatu airea ura desplazatzeko metodoaren bidez, zigilatu eta murgildu poltsa ur-bainuan. Egosi ordu 1 eta 45 minutuz.

Hori eginda, kendu txahalak eta lehortu. Erromeroa baztertu eta sukaldeko zukuak kazola batera eraman. Egosi 5 minutuz. Gehitu haragia eta egosi 1 minutuz. Zerbitzatzeko saltsarekin gain.

Portobello txahala

Prestaketa + egosketa denbora: 2 ordu 10 minutu | Anoa: 4

Osagaiak:

2 kilo txahal txuleta

1 Kopako behi-salda

4 portobello perretxiko, xerratan

1 koilaratxo baratxuri hautsa

1 koilarakada oregano lehorra

3 koilarakada ozpin baltsamikoa

2 koilarakada oliba olio

Gatza eta piper beltza dastatzeko

Helbideak:

Prestatu ur-bainu bat, jarri Sous Vide bertan eta egokitu 140 F-ra.

Ontzi batean, konbinatu behi-salda perretxikoak, baratxuri-hautsa, oreganoa, ozpin balsamikoa, oliba olioa eta gatza. Txuleta bakoitza ondo igurtzi nahasketa honekin eta jarri geruza bakarrean hutsean itxi daitekeen poltsa handi batean. Gehitu gainerako marinada eta itxi. Ur-bainuan murgildu eta egosi 2 orduz.

Tenporizadorea gelditu ondoren, kendu txuletak poltsatik eta lehortu. Egosi egosketa-zukuak kazola batean 4 minutuz. Gehitu txuletak eta egosi 1 minutuz. Transferitu plateretara. Bota saltsa txahalaren gainean eta zerbitzatu.

behi-saltsa

Prestaketa + egosketa denbora: 1 ordu 40 minutu | Anoa: 3

Osagaiak:

½ lb txahal txuletak

Gatza eta piper beltza dastatzeko

1 Kopako perretxikoak, xerra finetan

⅓ Kopako krema astuna

2 txalota, xerra meheak

1 koilarakada gatzik gabeko gurina

1 ezkai hosto adar

1 koilarakada tipulina txikituta apaintzeko

Helbideak:

Prestatu bainu bat eta jarri Sous Vide bertan. 129 F-ra ezarri. Igurtzi txuletak baratxuri eta gatzarekin eta jarri txahalak zerrendako gainerako osagai guztiekin, zerbitzariak izan ezik, hutsean itxi daitekeen poltsa batean.

Askatu airea ura desplazatzeko metodoaren bidez eta zigilatu. Murgil zaitez ur-bainuan. Ezarri tenporizadorea 1 ordu 30 minutuz eta egosi.

Hori eginda, kendu poltsa eta atera txahalak plater batera. Saltsa zartagin batera eraman, ezkaia baztertu eta 5 minutuz egosi. Gehitu haragia eta egosi 3 minutuz. Apaindu tipulinarekin. Bertaratu.

Dijon txahal gibela

Prestaketa + egosketa denbora: 85 minutu | Anoa: 5

Osagaiak:

2 kilo txahal gibela, xerratan
2 koilarakada Dijon mostaza
3 koilarakada oliba olioa
1 koilarakada fin-fin txikituta cilantro
1 koilaratxo erromero freskoa, fin-fin txikituta
1 baratxuri ale birrindua
½ koilaratxo ezkaia

Helbideak:

Egin ur-bainu bat, jarri Sous Vide bertan eta egokitu 129 F-ra. Garbitu gibela ondo ur hotzarekin. Ziurtatu odol arrasto guztiak garbitzen dituzula. Lehortu sukaldeko paperarekin. Sukaldeko aizto zorrotz bat erabiliz, kendu zain guztiak, hala badagokio. Zeharka moztu xerra meheetan.

Ontzi txiki batean, konbinatu oliba olioa, baratxuria, martorria, ezkaia eta erromeroa. Nahastu ondo sartu arte. Zabaldu eskuzabal nahasketa honekin gibel xerrak eta hozkailuan 30 minutuz.

Kendu hozkailutik eta jarri hutsean itxi daitekeen poltsa handi batean. Murgildu zigilatutako poltsa ur-bainu batean eta ezarri tenporizadorea 40 minutuz. Hori eginda, ireki poltsa. Zartagin handi bat olio pixka batekin koipeztatu eta ipini txahala gibel xerrak gainean. Bi aldeetatik laburki erre 2 minutuz. Ozpinetakoekin zerbitzatu.

Afrikako estiloko bildots txuletak abrikotekin

Prestaketa + egosketa denbora: 2 ordu 15 minutu | Anoa: 2

Osagaiak

2 arkume solomo txuleta
Gatza eta piper beltza dastatzeko
1 koilaratxo espezia nahasketa
4 abrikot
1 koilarakada ezti
1 koilaratxo oliba olioa

Helbideak

Prestatu bainu bat eta jarri Sous Vide bertan. Ezarri 134 F-ra.

Konbinatu bildotsak gatza eta piperbeltzarekin. Ornitu bildots txuletak espezie nahasketarekin eta jarri hutsean itxi daitekeen poltsa batean. Gehitu abrikotak eta eztia. Askatu airea ura desplazatzeko metodoaren bidez, zigilatu eta murgildu poltsa ur-bainuan. Egosi 2 orduz.

Tenporizadorea gelditu ondoren, kendu txuletak eta lehortu. Erreserbatu abrikotak eta egosteko likidoa. Berotu zartagin bat su ertainean eta arkumea gorritu 30 segundoz alde bakoitzean. Transferitu platera eta utzi hozten 5 minutuz. Ihinztatu sukaldaritza likidoarekin. Apaindu abrikotekin.

Arkume txuletak fruitu lehorrekin

Prestaketa + egosketa denbora: 2 ordu 35 minutu | Anoa: 4

Osagaiak

500 g arkume txuletak

Gatza eta piper beltza dastatzeko

1 Kopako menda hosto freskoa

½ Kopako anaardoak

½ Kopako perrexil freskoa josia

½ Kopako tipulina, xerratan

3 koilarakada limoi zukua

2 baratxuri ale xehatuta

6 koilarakada oliba olio

Helbideak

Prestatu bainu bat eta jarri Sous Vide bertan. Ezarri 125 F. Ondu arkumea gatza eta piperbeltza eta jarri hutsean zigila daitekeen poltsa batean. Askatu airea ura desplazatzeko metodoaren bidez, zigilatu eta murgildu poltsa ur-bainuan. Egosi 2 orduz.

Elikagai-prozesadore batean, nahastu menda, perrexila, anaardoak, tipulina, baratxuria eta limoi zukua. Bota 4 koilarakada oliba olio. Espeziak gatza eta piperbeltzarekin. Tenporizadorea gelditu ondoren, arkumea kendu, oliba-olioaren 2 koilarakadaz brotxa eta parrilla bero batera eraman. Egosi minutu 1 alde bakoitzeko. Intxaurrekin zerbitzatu.

Bildots-parrilla mostaza eta eztiarekin marinatua

Prestaketa + egosketa denbora: 1 ordu 10 minutu | Anoa: 4

Osagaiak

1 arkume zartada, moztuta
3 koilarakada ezti
2 koilarakada Dijon mostaza
1 koilaratxo jerez ozpina
Gatza dastatzeko
2 koilarakada aguakate olioa
tipula gorri txikitua

Helbideak

Prestatu bainu bat eta jarri Sous Vide bertan. Ekarri 135 F. Osagai guztiak ondo konbinatu bildotsa izan ezik. Nahasketarekin arkumea beiratu eta hutsean itxi daitekeen poltsa batean jarri. Askatu airea ura desplazatzeko metodoaren bidez, zigilatu eta murgildu poltsa ur-bainuan. Egosi ordu 1.

Tenporizadorea gelditu ondoren, arkumea kendu eta plater batera eraman. Erreserbatu sukaldeko zukuak. Berotu olioa zartagin batean su ertainean eta arkumea gorritu 2 minutuz alde bakoitzean. Moztu eta hautseztatu sukaldeko zukuekin. Tipula gorriarekin apaindu.

Arkume Albondigak jogurt saltsarekin

Prestaketa + egosketa denbora: 2 ordu 15 minutu | Anoa: 2

Osagaiak

½ kilo beheko arkumea
¼ Kopako perrexil freskoa txikitua
¼ Kopako tipula txikitua
¼ Kopako almendra fruitu lehorrak txigortuak, fin-fin txikituta
2 baratxuri ale xehatuta
Gatza dastatzeko
2 koilarakada martorri ehoa
¼ koilaratxo kanela ehoa
1 Kopako jogurt
½ Kopako pepino moztuta
3 koilarakada menda freskoa txikituta
1 koilaratxo limoi zukua
¼ koilaratxo piper kaiena
pita ogia

Helbideak

Prestatu bainu bat eta jarri Sous Vide bertan. Ezarri 134 F. Konbinatu bildotsa, tipula, almendra, gatza, baratxuria, kanela eta cilantroa. Biratu 20 bola eta jarri hutsean itxi daitekeen poltsa batean. Askatu airea ura desplazatzeko metodoaren bidez, zigilatu eta murgildu poltsa ur-bainuan. Egosi 120 minutuz.

Bien bitartean, prestatu saltsa jogurta, menda, pepinoa, piperbeltza, limoi zukua eta koilarakada 1 gatz nahastuz. Tenporizadorea gelditu ondoren, kendu bolak eta labean 3-5 minutuz. Gain ezazu saltsarekin eta zerbitzatu pita ogiarekin.

Arkume arroza sorbalda pikantearekin

Prestaketa + egosketa denbora: 24 ordu 10 minutu | Anoa: 2

Osagaiak

1 arkume sorbalda errea, hezurrak
1 koilarakada oliba olioa
1 koilarakada curry hautsa
2 koilarakada baratxuri gatza
1 koilarakada martorri
1 koilarakada ehoko kuminoa
1 koilaratxo koilaratxo txile gorri lehorrak
1 Kopako arroz marroi egosi

Helbideak

Prestatu bainu bat eta jarri Sous Vide bertan. Ezarri 158F-ra.

Konbinatu oliba olioa, baratxuria, gatza, kuminoa, martorria eta chili malutak. Arkumea marinatu. Jarri hutsean itxi daitekeen poltsa batean. Askatu airea ura desplazatzeko

metodoaren bidez, zigilatu eta murgildu poltsa ur-bainuan. Egosi 24 orduz.

Egindakoan, arkumea kendu eta xerratan moztu. Zerbitzatu sukaldeko zukuekin arrozaren gainean.

Chili Arkume txuletak sesamo haziarekin

Prestaketa denbora + egosketa: 3 ordu 10 minutu | Anoa: 2

Osagaiak

2 arkume txuleta
2 koilarakada oliba olio
Gatza eta piper beltza dastatzeko
2 koilarakada aguakate olioa
1 koilaratxo sesamo haziak
Piper gorri-maluta pixka bat

Helbideak

Prestatu bainu bat eta jarri Sous Vide bertan. Ezarri 138 F. Jarri arkumea oliba olioarekin hutsean zigilatzeko poltsa batean. Askatu airea ura desplazatzeko metodoaren bidez, zigilatu eta murgildu poltsa ur-bainuan. Egosi 3 orduz.

Hori eginda, arkumea lehortu. Espeziak gatza eta piperbeltzarekin. Berotu aguakate-olioa zartagin batean su bizian eta gorritu bildotsa. Moztu mokaduetan Apaindu sesamo haziekin eta piper malutekin.

Arkume gozoa Mostaza saltsarekin

Prestaketa + egosketa denbora: 1 ordu 10 minutu | Anoa: 4

Yoosagaiak

1 arkume zartada, moztuta

3 koilarakada ezti likido

2 koilarakada Dijon mostaza

1 koilarakada xerez ardo ozpin

Gatza dastatzeko

2 koilarakada aguakate olioa

1 koilarakada ezkaia

Mostaza hazi txigortuak apaintzeko

tipula berdea txikituta

Helbideak

Prestatu bainu bat eta jarri Sous Vide bertan. Ezarri 135 F-ra. Konbinatu osagai guztiak arkumea izan ezik. Jarri arkumea hutsean itxi daitekeen poltsa batean. Askatu airea ura desplazatzeko metodoaren bidez, zigilatu eta murgildu poltsa ur-bainuan. Egosi ordu 1. Tenporizadorea gelditu ondoren, arkumea kendu eta plater batera eraman.

Berotu olioa zartagin batean su bizian eta arkumea gorritu 2 minutuz alde bakoitzean. Moztu eta sukaldeko zukuekin estali. Tipula berdearekin eta mostaza-hazi txigortuarekin apaindu.

Menta Limoi Bildotsa

Prestaketa + egosketa denbora: 2 ordu 15 minutu | Anoa: 2

Osagaiak

1 arkume saiheskia

Gatza eta piper beltza dastatzeko

2 erromero fresko adarrak

¼ Kopako oliba olioa

2 edalontzi lima babarrun freskoak zuritu, zuritu eta zuritu

1 koilarakada limoi zukua

1 koilarakada tipulina freskoa, txikituta

1 koilarakada perrexil freskoa txikituta

1 koilarakada menda freskoa

1 baratxuri ale xehatuta

Helbideak

Prestatu bainu bat eta jarri Sous Vide bertan. Ezarri 125 F. Ondu arkumea gatza eta piperbeltza eta jarri hutsean zigila daitekeen poltsa batean. Askatu airea ura desplazatzeko metodoaren bidez, zigilatu eta murgildu poltsa ur-bainuan. Egosi 2 orduz.

Tenporizadorea gelditu ondoren, arkumea kendu eta lehortu. Berotu 1 koilarakada oliba olio parrillan su bizian eta ondu arkumea 3 minutuz erre. Erreserbatu eta hozten utzi.

Entsaladarako, konbinatu lima babarrunak, limoi zukua, perrexila, tipulina, menda, baratxuria eta 3 koilarakada oliba olio. Espeziak gatza eta piperbeltzarekin. Moztu bildotsa txuletetan eta zerbitzatu baba entsaladarekin.

Limoi bildots txuletak Chimichurri saltsarekin

Prestaketa + egosketa denbora: 2 ordu 15 minutu | Anoa: 4

Osagaiak

4 arkume sorbalda txuleta

2 koilarakada aguakate olioa

Gatza eta piper beltza dastatzeko

1 Kopako perrexil freskoa ondo bilduta, txikituta

2 koilarakada oregano freskoa

1 baratxuri ale fin-fin txikituta

1 koilarakada xanpain ozpina

1 koilarakada limoi zukua

1 koilarakada piperrauts ketua

¼ koilaratxo piper gorri birrindua

1/3 Kopako gurin gatzatua, bigundua

Helbideak

Prestatu bainu bat eta jarri Sous Vide bertan. Ezarri 132 F. Ondu arkumea gatza eta piperbeltza eta jarri hutsean itxi daitekeen poltsa batean. Askatu airea ura desplazatzeko

metodoaren bidez, zigilatu eta murgildu poltsa ur-bainuan. Egosi 2 orduz.

Konbinatu ondo ontzi batean, perrexila, baratxuria, oreganoa, xanpain ozpina, piperrautsa, limoi zukua, piper gorria, piper beltza, gatza eta gurina bigundua. Hozkailuan hozten utzi.

Tenporizadorea gelditu ondoren, arkumea kendu eta lehortu. Espeziak gatza eta piperbeltzarekin. Berotu aguakate-olioa zartagin batean su bizian eta arkumea gorritu minutu batzuetan alde guztietatik. Gain gurin-jantziarekin eta zerbitzatu.

Arkume hanka barazkiekin eta saltsa gozoarekin

Prestaketa + egosketa denbora: 48 ordu 45 minutu | Anoa: 4

Osagaiak

4 arkume izter

2 koilarakada olio

2 edalontzi erabilera guztietarako irina

1 tipula gorri xerratan

4 baratxuri ale, xehatuta eta zurituta

4 azenario, ertaineko xerratan

4 apio zurtoin, ertaineko xerratan

3 koilarakada tomate-pasta

½ kopa jerez ardo ozpin

1 kopa ardo beltz

¾ Kopako eztia

1 Kopako behi-salda

4 adar erromero fresko

2 erramu hosto

Gatza eta piper beltza dastatzeko

Helbideak

Prestatu bainu bat eta jarri Sous Vide bertan. Ezarri 155 F-ra.

Berotu olioa zartagin batean su bizian. Ondu hankak gatza, piperra eta irina. Marroi gorritu arte. Alde batera utzi. Sua murriztu eta tipula, azenarioak, baratxuriak eta apioa egosi 10 minutuz. Espeziak gatza eta piperbeltzarekin. Gehitu tomate-pasta eta egosi minutu 1 gehiago. Gehitu ozpina, salda, ardoa, eztia, erramu hostoak. Egosi 2 minutuz.

Jarri barazkiak, saltsa eta arkumea hutsean itxi daitekeen poltsa batean. Askatu airea ura desplazatzeko metodoaren bidez, zigilatu eta murgildu poltsa ur-bainuan. Egosi 48 orduz.

Tenporizadorea gelditu ondoren, kendu zurtoinak eta lehortu. Erreserbatu sukaldeko zukuak. Marroi hankak 5 minutuz urreztatu arte. Berotu kazola bat su bizian eta bota sukaldeko zukua. Egosi murriztu arte, 10 minutuz. Transferitu hankak plater batera eta bota saltsarekin zerbitzatzeko.

Hirugiharra eta arkume gisatua

Prestaketa + egosketa denbora: 24 ordu 25 minutu | Anoa: 6

Osagaiak

2 kilo hezurrik gabeko arkume sorbalda, kuboa
4 oz hirugiharra, zerrendatan moztuta
1 kopa ardo beltz
2 koilarakada tomate-pasta
1 Kopako behi-salda
4 txalota handi, laurdenak
4 azenario haur, txikituta
4 apio zurtoin txikituta
3 baratxuri ale, xehatuta
1 kilo patata, luzera moztuta
4 ontza portobello perretxiko lehorrak
3 adar erromero fresko
3 adar ezkai fresko
Gatza eta piper beltza dastatzeko

Helbideak

Prestatu bainu bat eta jarri Sous Vide bertan. Ezarri 146 F-ra.

Berotu zartagin bat su bizian eta egosi hirugiharra gorritu arte. Alde batera utzi. Ondu arkumea gatz eta piperrez eta erre zartagin berean; alde batera utzi. Ardoa eta salda bota eta 5 minutuz egosi.

Jarri ardo-nahasketa, bildotsa, hirugiharra, zuku erreak, barazkiak eta belarrak hutsean itxi daitekeen poltsa batean. Askatu airea ura desplazatzeko metodoaren bidez, zigilatu eta murgildu poltsa ur-bainuan. Egosi 24 orduz.

Tenporizadorea gelditzen denean, kendu poltsa eta jarri sukaldeko zukuak kazola bero batera su ertainean eta egosi 15 minutuz. Gehitu arkumea gorritzeko minutu batzuetan eta zerbitzatu.

Limoi-piperra bildots txuletak papaia txuletarekin

Prestaketa + egosketa denbora: 1 ordu 15 minutu | Anoa: 4

Osagaiak

8 arkume txuleta

2 koilarakada oliba olio

½ koilaratxo Garam Masala

¼ koilarakada limoi piper

Baratxuri eta piper pixka bat

Gatza eta piper beltza dastatzeko

½ Kopako jogurt

¼ Kopako cilantro freskoa, txikituta

2 koilarakada papaya txutney

1 koilarakada curry hautsa

1 koilarakada tipula fin-fin txikituta

Cilantro txikitua apaintzeko

Helbideak

Prestatu bainu bat eta jarri Sous Vide bertan. Ezarri 138 F-ra. Ornitu txuletak oliba olioarekin eta gain Garam Masala, limoi piperra, baratxuri hautsa, gatza eta piperra jarri. Jarri hutsean itxi daitekeen poltsa batean. Askatu airea ura desplazatzeko metodoaren bidez, zigilatu eta murgildu poltsa ur-bainuan. Egosi ordu 1.

Bien bitartean, prestatu saltsa jogurta, papaia txutney, cilantroa, curry hautsa eta tipula nahastuz. Transferitu plater batera. Tenporizadorea gelditu ondoren, arkumea kendu eta lehortu. Berotu gainerako olioa zartagin batean su ertainean eta arkumea gorritu 30 segundoz alde bakoitzean. Iragazi labeko erretilu batekin. Zerbitzatu txuletak jogurt saltsarekin. Martorriarekin apaindu.

Arkume pintxo pikanteak

Prestaketa + egosketa denbora: 2 ordu 20 minutu | Anoa: 4

Osagaiak

Kilo 1 arkume hanka, hezurrik gabea, kuboa
2 koilarakada txili-pasta
1 koilarakada oliba olioa
Gatza dastatzeko
1 koilaratxo kumino
1 koilarakada martorri
½ koilaratxo piper beltza
jogurt grekoa
Menta hosto freskoak zerbitzatzeko

Helbideak

Prestatu bainu bat eta jarri Sous Vide bertan. Ezarri 134 F-ra. Konbinatu osagai guztiak eta jarri hutsean itxi daitekeen poltsa batean. Askatu airea ura desplazatzeko metodoaren bidez, zigilatu eta murgildu poltsa ur-bainuan. Egosi 2 orduz.

Tenporizadorea gelditu ondoren, arkumea kendu eta lehortu. Arkumea parrilla batera eraman eta 5 minutuz egosi. Erreserbatu eta utzi atseden 5 minutuz. Zerbitzatu jogurt grekoarekin eta mentarekin.

Belar bildotsa barazkiekin

Prestaketa + egosketa denbora: 48 ordu 30 minutu | Anoa: 8)

Osagaiak

2 arkume izter, hezurrezkoak
1 lata tomate txikitu zukuarekin
1 Kopako behi-salda
1 Kopako tipula fin-fin txikituta
½ Kopako apioa, fin-fin txikituta
½ Kopako azenario fin-fin txikituta
½ kopa ardo beltz
2 erromero fresko adarrak
Gatza eta piper beltza dastatzeko
1 koilarakada beheko coria
1 koilarakada ehoko kuminoa
1 koilaratxo ezkaia

Helbideak

Prestatu bainu bat eta jarri Sous Vide bertan. Ezarri 149 F-ra.

Konbinatu osagai guztiak eta jarri hutsean itxi daitekeen poltsa batean. Askatu airea ura desplazatzeko metodoaren bidez, zigilatu eta murgildu poltsa ur-bainuan. Egosi 48 orduz.

Tenporizadorea gelditu ondoren, zurtoinak kendu eta plater batera eraman eta hoztu 48 orduz. Garbitu bildotsa hezurrak eta koipea kenduz eta gero zatitan txikitu. Transferitu sukaldeko zuku giharrak eta arkumea xehatua kazola batera. Egosi 10 minutuz su bizian saltsa loditu arte. Bertaratu.

Arkume arrakala baratxuritan

Prestaketa + egosketa denbora: 1 ordu 30 minutu | Anoa: 4

Osagaiak

2 gurina koilarakada

2 arkume frijituak

1 koilarakada oliba olioa

1 koilarakada sesamo olioa

4 baratxuri ale, xehatuta

4 albahaka fresko adarrak, erditik moztuta

Gatza eta piper beltza dastatzeko

Helbideak

Prestatu bainu bat eta jarri Sous Vide bertan. Ezarri 130 F. Ondu arkumearen parrilla gatza eta piperbeltza. Jarri hutsean itxi daitekeen poltsa handi batean. Askatu airea ura desplazatzeko metodoaren bidez, zigilatu eta murgildu poltsa ur-bainuan. Egosi ordu 1 eta 15 minutuz.

Tenporizadorea gelditu ondoren, kendu parrilla eta lehortu sukaldeko eskuoihal batekin. Berotu sesamo-olioa zartagin batean su bizian eta egosi erretilua minutu 1 alde bakoitzeko. Alde batera utzi.

Jarri 1 koilarakada gurin zartaginean eta gehitu baratxuri erdia eta albahaka erdia. Estalki gainean. Zigilatu parrilla 1 minutuz. Irauli eta gurin gehiago bota. Errepikatu prozesua rack guztietarako. Moztu zatitan eta zerbitzatu 4 zati plater bakoitzean.

Belar Erretako Bildotsa Lurrazala

Prestaketa + egosketa denbora: 3 ordu 30 minutu | Anoa: 6

Osagaiak:

<u>Arkumea:</u>

3 arkume saiheski handi

Gatza eta piper beltza dastatzeko

1 erromero adar

2 koilarakada oliba olio

<u>Belar azala:</u>

2 koilarakada erromero hosto freskoa

½ Kopako macadamia fruitu lehorrak

2 koilarakada Dijon mostaza

½ Kopako perrexil freskoa

2 koilarakada ezkai hosto freskoa

2 koilarakada limoi azala

2 baratxuri ale

2 arrautza zuringoa

Helbideak:

Egin ur-bainu bat, jarri sous videa bertan eta egokitu 140 F-ra.

Arkumea paper eskuoihal batekin lehortu eta haragia igurtzi gatz eta piper beltzarekin. Jarri zartagin bat su ertainean eta gehitu oliba olioa. Bero dagoenean, arkumea bi aldeetatik erre 2 minutuz; alde batera utzi.

Baratxuri eta erromeroan jarri, 2 minutuz txigortu eta gainean arkumea jarri. Utzi arkumeari zaporeak xurgatzen 5 minutuz.

Jarri arkumea, baratxuria eta erromeroa hutsean itxi daitekeen poltsa batean, askatu airea ura desplazatzeko metodoa erabiliz eta zigilatu poltsa. Murgildu poltsa ur-bainuan.

Ezarri tenporizadorea 3 orduz egosteko. Tenporizadorea gelditu ondoren, kendu poltsa, deskonprimitu eta arkumea atera. Zuringoak irabiatu eta gorde.

Nahastu zerrendatutako gainerako belar azalaren osagaiak irabiagailuarekin eta alde batera utzi. Lehortu arkumea paperezko eskuoihal batekin eta garbitu arrautza zuringoekin. Sartu belar nahasketa eta estali dotorez.

Jarri arkume-errejak lurrazala gora labeko xafla batean. Egosi labean 15 minutuz. Emeki moztu txuleta bakoitza labana zorrotz batekin. Zerbitzatu barazki purearen alde batekin.

Hegoafrikako bildots eta gerezi pintxo ezagunak

Prestaketa + egosketa denbora: 8 ordu 40 minutu | Anoa: 6

Osagaiak

¾ Kopako ardo zuri ozpina

½ Kopako ardo beltz lehorra

2 tipula txikituta

4 baratxuri ale, xehatuta

2 limoiren azala

6 koilarakada azukre marroia

2 koilarakada alkarabi haziak, xehatuta

1 koilarakada gerezi marmelada

1 koilarakada arto-irina

1 koilarakada curry hautsa

1 koilarakada jengibre birrindua

2 koilarakada gatz

1 koilaratxo pipea

1 koilaratxo kanela ehoa

4½ kilo arkume sorbalda, kuboa

1 koilarakada gurina

6 tipula perla, zuritu eta erdira zatituta

12 gerezi lehor, erditik moztuta

2 koilarakada oliba olio

Helbideak

Prestatu bainu bat eta jarri Sous Vide bertan. Ezarri 141 F-ra.

Ondo konbinatu ozpina, ardo beltza, tipula, baratxuria, limoi-azala, azukre marroia, alkarabi haziak, gerezi marmelada, arto-irina, curry hautsa, jengibrea, gatza, pizia eta kanela.

Jarri arkumea hutsean itxi daitekeen poltsa handi batean. Askatu airea ura desplazatzeko metodoaren bidez, zigilatu eta murgildu poltsa ur-bainuan. Egosi 8 orduz. 20 minutu falta direnean, berotu gurina kazola batean eta salteatu tipula perla 8 minutuz bigundu arte. Erreserbatu eta hozten utzi.

Tenporizadorea gelditu ondoren, kendu bildotsa eta lehortu sukaldeko eskuoihal batekin. Erreserbatu sukaldaritza-zukuak eta eraman kazola batera su ertainean eta egosi 10 minutuz erdira murriztu arte. Bete pintxoa kebab osagai guztiekin eta bildu. Berotu oliba olioa parrillan su bizian eta egosi kebabak albo bakoitzeko 45 segundoz.

Arkume eta piper curry

Prestaketa + egosketa denbora: 30 ordu 30 minutu | Anoa: 4

Osagaiak

2 gurina koilarakada

2 piper, txikituta

3 baratxuri ale, xehatuta

1 koilaratxo turmeric

1 koilarakada ehoko kuminoa

1 koilaratxo piperrautsa

1 koilarakada jengibre freskoa birrindua

½ koilaratxo gatza

2 kardamomo lekak

2 ezkai fresko adar

2¼ kilo hezurrik gabeko arkumea, kubo txikituta

1 tipula handi txikituta

3 tomate txikituta

1 koilaratxo pipea

2 koilarakada jogurt greko

1 koilarakada cilantro freskoa txikituta

Helbideak

Prestatu bainu bat eta jarri Sous Vide bertan. 179 F-ra ezarri. Konbinatu koilarakada 1 gurina, piperra, 2 baratxuri ale, turmeric, kuminoa, piperrautsa, jengibrea, gatza, kardamomoa eta ezkaia. Jarri arkumea hutsean itxi daitekeen poltsa batean gurina nahasketarekin. Askatu airea ura desplazatzeko metodoaren bidez, zigilatu eta murgildu poltsa ur-bainuan. Egosi 30 orduz.

Tenporizadorea gelditu ondoren, kendu poltsa eta utzi alde batera. Berotu gurina kazola batean su bizian. Gehitu tipula eta egosi 4 minutuz. Gehitu gainerako baratxuria eta egosi minutu 1 gehiago. Jaitsi beroa eta jarri tomateak eta piperra. Egosi 2 minutuz. Bota jogurtak, arkumeak eta sukaldaritzako zukuak. Egosi 10-15 minutuz. Martorriarekin apaindu.

Arkume Saiheskia Ahuntz Gaztarekin

Prestaketa + egosketa denbora: 4 ordu 10 minutu | Anoa: 2

Osagaiak:

Saiheskiak:

2 arkume saihets erdi

2 koilarakada landare olioa

1 baratxuri ale xehatuta

2 koilarakada erromero hosto txikituta

1 koilarakada mihilu polena

Gatza eta piper beltza dastatzeko

½ koilaratxo piper kaiena

Dekoratu:

250 g ahuntz gazta, xehatua

2 oz intxaur txigortuak, txikituta

3 koilarakada perrexil txikitua

Helbideak:

Egin ur-bainu bat, jarri Sous Vide bertan eta egokitu 134 F-ra. Nahastu zerrendatutako arkumearen osagaiak arkumea izan ezik. Arkumea sukaldeko eskuoihal batekin lehortu eta espezia nahasketarekin igurtzi. Jarri haragia hutsean zigila daitekeen poltsa batean, askatu airea ura desplazatzeko metodoaren bidez, zigilatu eta murgildu poltsa ur-bainuan. Ezarri tenporizadorea 4 ordurako.

Tenporizadorea gelditu ondoren, kendu bildotsa. Aurrez berotu parrilla bat su bizian eta gehitu olioa. Arkumea gorritu arte. Ebaki saihetsak hezurren artean. Apaindu ahuntz gazta, intxaurrak eta perrexila. Zerbitzatu saltsa beroarekin.

arkume sorbalda

Prestaketa + egosketa denbora: 4 ordu 10 minutu | Anoa: 3

Osagaiak:

Kilo 1 arkume sorbalda, hezurtuta

Gatza eta piper beltza dastatzeko

2 koilarakada oliba olio

1 baratxuri ale birrindua

1 ezkai adar

1 erromero adar

Helbideak:

Prestatu bainu bat eta jarri Sous Vide bertan. 145 F-ra ezarri. Arkumearen sorbaldak lehortu paperezko eskuoihal batekin eta igurtzi piperra eta gatza.

Jarri bildotsa eta zerrendatutako gainerako osagaiak hutsean itxi daitekeen poltsa batean. Askatu airea ura desplazatzeko metodoaren bidez, zigilatu eta murgildu poltsa ur-bainuan. Ezarri tenporizadorea 4 ordurako.

Hori eginda, kendu poltsa eta eraman arkume-sorbaldak labeko ontzi batera. Iragazi zukuak kazola batera eta egosi su ertainean 2 minutuz. Aurrez berotu parrilla bat 10 minutuz eta parrillan jarri popsicle urrezko marroia eta kurruskaria arte. Zerbitzatu arkume-sorbalda eta saltsa gurindun barazkiekin.

Jalapeno Arkume Errea

Prestaketa + egosketa denbora: 3 ordu | Anoa: 6

Osagaiak:

1 ½ koilarakada canola olioa

1 koilarakada mostaza beltz haziak

1 koilaratxo kumino haziak

Gatza eta piper beltza dastatzeko

4 kilo arkume tximeleta hanka

½ Kopako menda hosto txikituta

½ Kopako cilantro hosto txikituta

1 txalota txikituta

1 baratxuri ale xehatuta

2 jalapeño gorri, txikituta

1 koilarakada ardo beltz ozpina

1 koilarakada eta erdi oliba olioa

Helbideak:

Jarri zartagin bat su motelean sukalde batean. Gehitu ½ koilarakada oliba olio; berotu ondoren, gehitu kuminoa eta mostaza haziak eta egosi minutu 1ez. Itzali sua eta transferitu haziak ontzi batera. Gatza eta piperbeltza bota. Nahastu. Zabaldu espezie nahasketa erdia bildots hanka barruan eta bildu. Lotu harategiko hariarekin 1 hazbeteko tarteetan.

Ondu gatza eta piperbeltza eta masajea. Zabaldu espezie-nahasketaren erdia uniformeki arkumearen hankaren gainean, eta, ondoren, biribil ezazu arretaz. Egin bainu bat eta jarri Sous Vide. 145 F-ra ezarri. Jarri arkume-oxak hutsean zigila daitekeen poltsa batean, askatu airea ura desplazatzeko metodoaren bidez, itxi eta ur-bainuan murgildu. Ezarri tenporizadorea 2 ordu eta 45 minutuz eta egosi.

Prestatu saltsa; Gehitu txalota, martorri, baratxuria, ardo beltza ozpina, menda eta pipermin gorria kumino-mostaza nahasketara. Nahastu eta gatza eta piperbeltzarekin ondu. Alde batera utzi. Tenporizadorea gelditu ondoren, kendu eta ireki poltsa. Kendu arkumea eta lehortu paperezko eskuoihal batekin.

Gehitu canola olioa burdinurtuzko plantxan, aldez aurretik berotu su bizian 10 minutuz. Jarri bildotsean eta erre, bi aldeetatik gorritu dadin. Kendu haria eta moztu bildotsa xerratan. Zerbitzatu saltsarekin.

Arkume txuletak plantxan ezkaiarekin eta salbiarekin

Prestaketa + egosketa denbora: 3 ordu 20 minutu | Anoa: 6

Osagaiak

6 koilarakada gurina

4 koilarakada ardo zuri lehorra

4 koilarakada oilasko salda

4 ezkai fresko adar

2 baratxuri ale xehatuta

1½ koilarakada salbia freskoa txikituta

1½ koilaratxo kumino

6 arkume txuleta

Gatza eta piper beltza dastatzeko

2 koilarakada oliba olio

Helbideak

Prestatu bainu bat eta jarri Sous Vide bertan. Ezarri 134 F-ra.

Berotu kazola bat su ertainean eta konbinatu gurina, ardo zuria, salda, ezkaia, baratxuria, kuminoa eta salbia. Egosi 5 minutuz. Utzi hozten. Ondu arkumea gatz eta piperrez. Jarri hutsean itxi daitezkeen hiru poltsatan gurina nahasketarekin. Askatu airea ura desplazatzeko metodoaren bidez, zigilatu eta murgildu poltsak ur-bainuan. Egosi 3 orduz.

Hori eginda, kendu bildotsa eta lehortu sukaldeko eskuoihal batekin. Ornitu txuletak oliba olioarekin. Berotu zartagin bat su bizian eta arkumea gorritu 45 segundoz alde bakoitzean. Utzi 5 minutuz.

Arkume txuletak Albahaka Chimichurrirekin

Prestaketa + egosketa denbora: 3 ordu 40 minutu | Anoa: 4

Osagaiak:

Arkume txuletak:

3 arkume, labean

3 baratxuri ale, xehatuta

Gatza eta piper beltza dastatzeko

Albahaka Chimichurri:

1 ½ Kopako albahaka freskoa, fin-fin txikituta

2 platano-txalota, zatituta

3 baratxuri ale, xehatuta

1 koilaratxo piper gorri malutak

½ Kopako oliba olioa

3 koilarakada ardo beltz ozpin

Gatza eta piper beltza dastatzeko

Helbideak:

Prestatu bainu bat eta jarri Sous Vide bertan. Ezarri 140 F. Lehortu parrillak sukaldeko eskuoihal batekin eta igurtzi piperra eta gatza. Jarri haragia eta baratxuria hutsean itxi daitekeen poltsa batean, askatu airea ura desplazatzeko metodoa erabiliz eta itxi poltsa. Murgildu poltsa ur-bainuan. Ezarri tenporizadorea 2 orduz eta egosi.

Prestatu albahaka chimichurri: zerrendatutako osagai guztiak ontzi batean nahastu. Estali plastikozko paperarekin eta hozkailuan ordu 30 minutuz. Tenporizadorea gelditu ondoren, kendu poltsa eta ireki. Kendu arkumea eta lehortu paperezko eskuoihal batekin. Marroi soplete batekin gorritu arte. Arkumearen gainean albaka chimichurria bota. Zerbitzatu barazki lurrunetan albo batekin.

Harissa arkume pintxoak gazituak

Prestaketa + egosketa denbora: 2 ordu 30 minutu | Anoa: 10

Osagaiak

3 koilarakada oliba olioa
4 koilarakada ardo beltz ozpin
2 koilarakada txili-pasta
2 baratxuri ale xehatuta
1½ koilaratxo ehoko kuminoa
1½ koilarakada martorri ehoa
1 koilaratxo piperrauts beroa
Gatza dastatzeko
1 ½ kilo hezurrik gabeko arkume sorbalda, kubo moztuta
1 pepino, zuritu eta txikituta
Limoi erdiaren azala eta zukua
1 Kopako greziar estiloko jogurt

Helbideak

Prestatu bainu bat eta jarri Sous Vide bertan. 134 F-ra ezarri. Konbinatu 2 koilarakada oliba olioa, ozpina, chile, baratxuria, kuminoa, martorri, piperrautsa eta gatza. Jarri arkumea eta saltsa hutsean itxi daitekeen poltsa batean. Askatu airea ura desplazatzeko metodoaren bidez, itxi eta murgildu poltsa bainuan. Egosi 2 orduz.

Tenporizadorea gelditu ondoren, kendu bildotsa eta lehortu sukaldeko eskuoihal batekin. Baztertu sukaldaritzako zukuak. Konbinatu pepinoa, limoi-azala eta zukua, jogurta eta baratxuri zapalduta ontzi txiki batean. Alde batera utzi. Bete pintxoa bildotsarekin eta bildu.

Berotu olioa zartagin batean su bizian eta egosi pintxoa 1-2 minutuz alde bakoitzean. Gehitu limoi-baratxuri saltsarekin eta zerbitzatu.

Mostaza Gozoa Txerriki Tipula Kurruskaria

Prestaketa + egosketa denbora: 48 ordu 40 minutu | Anoa: 6

Osagaiak

1 koilarakada tomate saltsa
4 koilarakada mostaza eta ezti
2 koilarakada soja saltsa
2¼ kilo txerri sorbalda
1 tipula gozo handi, eraztun meheetan moztuta
2 kopa esne
1½ edalontzi erabilera guztietarako irina
2 koilarakada tipula hauts granulatua
1 koilaratxo piperrautsa
Gatza eta piper beltza dastatzeko
4 edalontzi landare-olioa, frijitzeko

Helbideak

Prestatu bainu bat eta jarri Sous Vide bertan. 159 F-n ezarrita.

Konbinatu ziapea, soja saltsa eta ketchup ondo pasta bat egiteko. Ornitu txerrikia saltsarekin eta jarri hutsean itxi daitekeen poltsa batean. Askatu airea ura desplazatzeko metodoaren bidez, zigilatu eta murgildu poltsa ur-bainuan. Egosi 48 orduz.

Tipula egiteko: bereizi tipula eraztunak ontzi batean. Bota esnea haien gainean eta utzi hozten ordu 1. Konbinatu irina, tipula hautsa, piperrautsa eta gatz eta piper pixka bat.

Berotu olioa zartagin batean 375 F-ra. Xukatu tipula eta zulatu irina nahasketara. Ondo astindu eta zartagin batera eraman. Frijitu 2 minutuz edo kurruskaria arte. Transferitu labeko xafla batera eta lehortu sukaldeko eskuoihal batekin. Errepikatu prozesua gainerako tipularekin.

Tenporizadorea gelditu ondoren, kendu txerria eta ebaki taula batera eraman eta tira txerriari birrindu arte. Erreserbatu sukaldeko zukuak eta eraman kazola bero batera su ertainean eta egosi 5 minutuz murriztu arte. Txerri-haragia saltsarekin eta apaindu tipula kurruskariarekin zerbitzatzeko.

Txerri txuleta gozoak albahaka eta limoiarekin

Prestaketa + egosketa denbora: 1 ordu 15 minutu | Anoa: 4

Osagaiak

4 koilarakada gurina
4 hezurrik gabeko txerri saiheski txuleta
Gatza eta piper beltza dastatzeko
Limoi 1aren azala eta zukua
2 baratxuri ale xehatu
2 erramu hosto
1 albahaka freskoa

Helbideak

Prestatu bainu bat eta jarri Sous Vide bertan. Ezarri 141 F-ra Ondu txuletak gatza eta piperbeltzarekin.

Jarri txuletak limoi-azala eta zukua, baratxuria, erramu hostoak, albahaka eta 2 koilarakada gurina hutsean itxi daitekeen poltsa batean. Askatu airea ura desplazatzeko metodoaren bidez, zigilatu eta murgildu poltsa ur-bainuan. Egosi ordu 1.

Tenporizadorea gelditu ondoren, kendu txuletak eta lehortu sukaldeko eskuoihal batekin. Erreserbatu belarrak. Berotu gaineruko gurina zartagin batean su ertainean eta marroi alde bakoitzean 1-2 minutuz.

Saiheskia txinatar saltsarekin

Prestaketa + egosketa denbora: 4 ordu 25 minutu | Anoa: 4

Osagaiak

1/3 Kopako hoisin saltsa

1/3 Kopako soja saltsa iluna

1/3 Kopako azukre

3 koilarakada ezti

3 koilarakada ozpin zuri

1 koilarakada hartzitutako babarrun-orea

2 koilarakada sesamo olio

2 baratxuri ale xehatu

1 hazbeteko jengibre fresko birrindua

1 ½ koilarakada bost espezieko hautsa

Gatza dastatzeko

½ koilaratxo piper beltz eho berria

3 kilo haur-saihetsak

martorri hostoak zerbitzatzeko

Helbideak

Prestatu bainu bat eta jarri Sous Vide bertan. Ezarri 168F-ra.

Konbinatu hoisin saltsa, soja saltsa iluna, azukrea, ozpin zuria, eztia, babarrun-orea, sesamo-olioa, bost espezien hautsa, gatza, jengibrea, piper zuria eta beltza. Erreserbatu nahasketaren 1/3 eta hozten utzi.

Ortzitu saiheskiak nahasketarekin eta partekatu hutsean itxi daitezkeen 3 poltsa artean. Askatu airea ura desplazatzeko metodoaren bidez, zigilatu eta murgildu poltsak ur-bainuan. Egosi 4 orduz.

Berotu labea 400 F-ra. Tenporizadorea gelditu ondoren, kendu saiheskiak eta eskuila gainerako nahasketarekin. Jarri labeko erretilu batera eta sartu labean. Labean 3 minutuz. Kendu eta utzi atseden 5 minutuz. Ebaki sareta eta estali cilantroarekin.

Txerri eta babarrun gisatua

Prestaketa + egosketa denbora: 7 ordu 20 minutu | Anoa: 8)

Osagaiak

2 koilarakada landare olioa
1 koilarakada gurina
1 txerri solomo dadotan moztuta
Gatza eta piper beltza dastatzeko
2 edalontzi izoztutako tipula perla
2 txirrina handi, txikituta
2 baratxuri ale xehatuta
2 koilarakada erabilera guztietarako irina
1 kopa ardo zuri lehorra
2 edalontzi oilasko salda
1 lata navy babarrunak, xukatu eta garbitu
4 adar erromero fresko
2 erramu hosto

Helbideak

Prestatu bainu bat eta jarri Sous Vide bertan. Ezarri 138 F-ra.

Berotu itsasten ez den zartagin bat su bizian gurina eta olioarekin. Gehitu txerrikia. Ondu piperra eta gatza. Egosi 7 minutuz. Jarri tipula eta egosi 5 minutuz. Nahastu baratxuria eta ardoa burbuila arte. Gehitu babarrunak, erromeroa, salda eta erramu hostoak. Kendu sutik.

Jarri txerrikia hutsean itxi daitekeen poltsa batean. Askatu airea ura desplazatzeko metodoaren bidez, zigilatu eta murgildu poltsa ur-bainuan. Egosi 7 orduz. Tenporizadorea gelditu ondoren, kendu poltsa eta eraman ontzi batera. Apaindu erromeroarekin.

Jerk Txerri Saiheskia

Prestaketa denbora + egosketa: 20 ordu 10 minutu | Anoa: 6

Osagaiak:

5 lb (2) txerri saiheskia, parrillak josita
½ Kopako jerk ongailu nahasketa

Helbideak:

Egin ur-bainu bat, jarri Sous Vide eta jarri 145 F-tan. Moztu rackak erditan eta ondu erdi jerk ongailuarekin. Jarri bastidoreak hutsean zigilatzeko rack bereizietan. Askatu airea ura desplazatzeko metodoaren bidez, zigilatu eta murgildu poltsak ur-bainuan. Ezarri tenporizadorea 20 ordurako.

Estali ur-bainua poltsa batekin lurrunketa murrizteko eta gehitu ura 3 orduz behin ura lehor ez dadin. Tenporizadorea gelditu ondoren, kendu eta ireki poltsa. Transferitu saiheskiak paperezko labean estalitako xafla batera eta berotu errea su bizian. Igurtzi saiheskiak gainerako jerk ongailuarekin eta jarri plantxan. 5 minutuz parrillan. Banakako saihetsetan moztu.

Txerri txuleta baltsamikoak

Prestaketa + egosketa denbora: 1 ordu 15 minutu | Anoa: 5

Osagaiak:

2 kilo txerri txuleta

3 baratxuri ale, xehatuta

½ koilaratxo albahaka lehorra

½ koilaratxo ezkaia lehorra

¼ Kopako ozpin baltsamikoa

Gatza eta piper beltza dastatzeko

3 koilarakada oliba olio birjina estra

Helbideak:

Prestatu ur-bainu bat, jarri Sous Vide bertan eta egokitu 158 F-ra. Ondu txerri txuletak eskuzabal gatz eta piperrez; alde batera utzi.

Ontzi txiki batean, konbinatu ozpina oliba olio, ezkaia, albahaka eta baratxuri bakoitzarekin. Ondo nahasi eta nahasketa uniformeki zabaldu haragiaren gainean. Jarri hutsean itxi daitekeen poltsa handi batean eta itxi. Murgildu zigilatutako poltsa ur-bainuan eta egosi ordubetez.

Tenporizadorea gelditu ondoren, kendu txerri txuletak poltsatik eta lehortu. Berotu gainerako oliba olioa zartagin ertainean su bizian. Erretitu txuletak minutu bat alde bakoitzeko edo urreztatu arte. Gehitu sukaldeko zukuak eta egosi 3-4 minutuz edo loditu arte.

Hezurrik gabeko txerri saiheskia koko kakahuete saltsarekin

Prestaketa + egosketa denbora: 8 ordu 30 minutu | Anoa: 3

Osagaiak:

½ Kopako koko esnea

2 ½ koilarakada kakahuete gurina

2 koilarakada soja saltsa

1 koilarakada azukre

3 hazbeteko lemongrass freskoa

1 ½ koilarakada piper saltsa

1 ½ hazbeteko jengibre zuritua

3 baratxuri ale

2 ½ koilarakada sesamo olioa

13 oz hezurrik gabeko ordezko saiheskiak

Helbideak:

Prestatu bainu bat eta jarri Sous Vide bertan. Ezarri 135 F-ra. Nahastu zerrendatutako osagai guztiak irabiagailuan, txerri saiheskia eta cilantroa izan ezik, leun arte.

Jarri saiheskia hutsean itxi daitekeen poltsa batean eta gehitu saltsa. Askatu airea ura desplazatzeko metodoa erabiliz eta zigilatu poltsa. Jarri ur-bainuan eta ezarri tenporizadorea 8 orduz.

Tenporizadorea gelditu ondoren, poltsa atera, askatu eta saihetsak kendu. Transferitu plater batera eta mantendu epela. Jarri zartagin bat su ertainean eta bota saltsa poltsatik. Ekarri irakiten 5 minutuz, murriztu beroa eta egosi 12 minutuz.

Gehitu saiheskia eta estali saltsarekin. Su motelean egosi 6 minutuz. Zerbitzatu barazki lurrunetan albo batekin.

Txerri solomoa limoiarekin eta baratxuriarekin

Prestaketa + egosketa denbora: 2 ordu 15 minutu | Anoa: 2

Osagaiak:

2 koilarakada baratxuri hautsa
2 koilarakada beheko kuminoa
2 koilarakada ezkaia lehorra
2 koilarakada erromero lehorra
1 pixka bat limoi gatza
2 (3 lb) txerri solomoa, zilarrezko azala kenduta
2 koilarakada oliba olio
3 koilarakada gurin gatzgabea

Helbideak:

Egin ur-bainu bat, jarri Sous Vide bertan eta egokitu 140 F. Gehitu kuminoa, baratxuri-hautsa, ezkaia, kare-gatza, erromeroa eta kare-gatza ontzi batean eta nahastu uniformeki. Ornitu txerrikia oliba olioarekin eta igurtzi gatza eta kumino belar nahasketarekin.

Jarri txerrikia hutsean itxi daitezkeen bi poltsatan. Askatu airea ura desplazatzeko metodoaren bidez eta zigilatu poltsak. Jarri ur-bainuan eta ezarri tenporizadorea 2 orduz.

Tenporizadorea gelditu ondoren, kendu eta ireki poltsa. Kendu txerrikia eta lehortu paperezko eskuoihal batekin. Bota zukua poltsan. Aurrez berotu burdinurtuzko zartagin bat su bizian eta gehitu gurina. Jarri txerri-haragian eta erre gorritu arte. Utzi txerrikia ebakitzeko taula batean atseden hartzen. Ebaki itzazu 2 hazbeteko medailoietan.

BBQ Txerri Saiheskia

Prestaketa + egosketa denbora: 1 ordu 10 minutu | Anoa: 4

Osagaiak:

1 libra txerri saiheskia
1 koilaratxo baratxuri hautsa
Gatza eta piper beltza dastatzeko
1 Kopako BBQ saltsa

Helbideak:

Egin ur-bainu bat, jarri Sous Vide bertan eta ekarri 140 F-ra. Igurtzi gatza eta piperra txerri saihetsetan, jarri hutsean itxi daitekeen poltsa batean, askatu airea eta itxi. Jarri uretan eta ezarri tenporizadorea ordu 1.

Tenporizadorea gelditu ondoren, kendu eta ireki poltsa. Kendu saiheskiak eta estali BBQ saltsarekin. Alde batera utzi. Aurrez berotu parrilla bat. Bero dagoenean, erre saiheskiak alde guztietatik 5 minutuz. Zerbitzatu nahi duzun saltsarekin.

Astigarrak Solomoa Sagar Salteatuarekin

Prestaketa + egosketa denbora: 2 ordu 20 minutu | Anoa: 4

Osagaiak

1 kilo txerri solomoa

1 koilarakada erromero freskoa txikituta

1 koilarakada astigarrak almibarretan

1 koilaratxo piper beltz

Gatza dastatzeko

1 koilarakada oliba olioa

1 sagar dadotan moztuta

1 txalota txiki xerra mehean

¼ Kopako barazki salda

½ koilaratxo sagar sagardoa

Helbideak

Prestatu bainu bat eta jarri Sous Vide bertan. Ezarri 135 F-ra. Kendu azala solomoari eta moztu erditik. Konbinatu erromeroa, astigarrak, piperbeltza eta koilarakada 1 gatz. Solomoaren gainean hautseztatu. Jarri hutsean itxi daitekeen poltsa batean. Askatu airea ura desplazatzeko

metodoaren bidez, zigilatu eta murgildu poltsa ur-bainuan. Egosi 2 orduz.

Tenporizadorea gelditu ondoren, kendu poltsa eta lehortu. Erreserbatu sukaldeko zukuak. Berotu oliba olioa zartagin batean su ertainean eta gorritu solomoa 5 minutuz. Alde batera utzi.

Sua jaitsi eta sagarra, erromeroa eta txalota gehitu. Ondu gatza eta salteatu 2-3 minutuz gorritu arte. Gehitu ozpina, salda eta sukaldeko zukuak. Egosi 3-5 minutu gehiago. Moztu solomoa medailoietan eta zerbitzatu sagar nahasketarekin.

Txerri sabela ketua piperrautsarekin

Prestaketa + egosketa denbora: 24 ordu 15 minutu | Anoa: 8

Osagaiak:

1 kilo txerri sabela

½ koilarakada piperrauts ketua

½ koilaratxo baratxuri hautsa

1 koilarakada martorri

½ koilaratxo chili malutak

Gatza eta piper beltza dastatzeko

Helbideak:

Prestatu bainu bat eta jarri Sous Vide bertan. Ezarri 175 F. Konbinatu espezia guztiak ontzi txiki batean eta igurtzi nahasketa hau txerri sabelean. Jarri nahasketa hutsean itxi daitekeen poltsa batean. Askatu airea ura desplazatzeko metodoaren bidez, zigilatu eta murgildu poltsa ur-bainuan. Ezarri tenporizadorea 24 ordurako.

Hori eginda, poltsa kendu eta sukaldeko likidoa kazola batera eraman eta plater batean pantzeta jarri. Egosi egosteko likidoa erdira murriztu arte. Bota txerri-haragia eta zerbitzatu.

Txerri Tacos Carnitas

Prestaketa denbora + egosketa: 3 ordu 10 minutu | Anoa: 4

Osagaiak:

2 kilo txerri sorbalda
3 baratxuri ale, xehatuta
2 erramu hosto
1 tipula txikituta
Gatza eta piper beltza dastatzeko
Arto tortilla

Helbideak:

Prestatu bainu bat eta jarri Sous Vide bertan. Ezarri 185 F-ra.

Bitartean, konbinatu espezia guztiak eta igurtzi nahasketa txerriaren gainean. Jarri hutsean itxi daitekeen poltsa batean erramu hostoekin, tipula eta baratxuriarekin. Askatu airea ura desplazatzeko metodoaren bidez, zigilatu eta murgildu poltsa ur-bainuan. Ezarri tenporizadorea 3 ordurako.

Hori eginda, transferitu ebaketa-ohol batera eta txikitu 2 sardexkekin. Zatitu arto tortilla artean eta zerbitzatu.

Txerri gazia mostaza eta melasa glazearekin

Prestaketa + egosketa denbora: 4 ordu 15 minutu | Anoa: 6

Osagaiak

2 kilo txerri solomo errea

1 erramu hosto

3 oz melaza

½ oz soja saltsa

½ ontza ezti

2 limoi zukua

2 limoi-azala zerrenda

4 tipulin txikituta

½ koilaratxo baratxuri hautsa

¼ koilaratxo Dijon mostaza

¼ koilaratxo beheko piziak

1 oz birrindutako arto patata frijituak

Helbideak

Prestatu bainu bat eta jarri Sous Vide bertan. Ezarri 142 F-ra.

Jarri txerri solomoa eta erramu hostoa hutsean itxi daitekeen poltsa batean. Gehitu melaza, soja saltsa, limoi-azala, eztia, zeriola, baratxuri-hautsa, mostaza eta pimienta eta ondo astindu. Askatu airea ura desplazatzeko metodoaren bidez, zigilatu eta murgildu poltsa ur-bainuan. Egosi 4 orduz.

Tenporizadorea gelditu ondoren, kendu poltsa. Bota gainerako nahasketa kazola batera eta irakiten murriztu arte. Zerbitzatu txerrikia saltsarekin eta gainean arto txip xehatuta. Tipula berdearekin apaindu.

txerri lepo errea

Prestaketa + egosketa denbora: 1 ordu 20 minutu | Anoa: 8

Osagaiak:

2 kilo txerri lepoa, hezurrak eta 2tan moztuta

4 koilarakada oliba olio

2 koilarakada soja saltsa

2 koilarakada barbakoa saltsa

½ koilarakada azukre

4 erromero adar, hostorik gabe

4 ezkai adarrak, hostorik gabe

2 baratxuri ale xehatuta

Gatza eta piper zuria dastatzeko

¼ koilaratxo piper gorri malutak

Helbideak:

Egin ur-bainu bat, jarri Sous Vide bertan eta ezarri 140 F-tan. Igurtzi gatza eta piperra txerriaren gainean. Jarri haragia hutsean itxi daitezkeen 2 poltsatan, askatu airea eta itxi. Jarri ur-bainua eta ezarri tenporizadorea ordubetez.

Tenporizadorea gelditu ondoren, kendu eta ireki poltsak. Nahastu zerrendako gainerako osagaiak. Berotu labea 425 F-ra. Jarri txerrikia labeko ontzi batean eta eskuzabal igurtzi soja saltsa nahasketa txerriarekin. Erre labean 15 minutuz. Utzi txerrikia hozten landu aurretik. Zerbitzatu barazki lurrunetan albo batekin.

Txerri saiheskia

Prestaketa + egosketa denbora: 12 ordu 10 minutu | Anoa: 4

Osagaiak:

1 txerri saiheski saiheskia
2 koilarakada azukre marroia
½ Kopako barbakoa saltsa
1 koilarakada baratxuri hautsa
2 koilarakada piperrautsa
Gatza eta piper beltza dastatzeko
1 koilarakada tipula hautsa

Helbideak:

Prestatu bainu bat eta jarri Sous Vide bertan. Ezarri 165 F-ra. Jarri txerrikia espeziekin batera, hutsean zigilatzeko poltsa batean. Askatu airea ura desplazatzeko metodoaren bidez, zigilatu eta murgildu poltsa ur-bainuan. Ezarri tenporizadorea 12 ordurako.

Tenporizadorea gelditu ondoren, kendu saiheskiak poltsatik eta hornitu barbakoa saltsarekin. Itzulbiratu paperean eta jarri oihalaren azpian minutu batzuetan. Zerbitzatu berehala.

Txerri txuletak ezkaiarekin

Prestaketa + egosketa denbora: 70 minutu | Anoa: 4

Osagaiak:

4 txerri txuleta
2 koilarakada ezkai freskoa
1 koilarakada oliba olioa
Gatza eta piper beltza dastatzeko

Helbideak:

Prestatu bainu bat eta jarri Sous Vide bertan. 145 F-ra ezarri. Konbinatu txerri-haragia gainerako osagaiekin hutsean itxi daitekeen poltsa batean. Askatu airea ura desplazatzeko metodoaren bidez, zigilatu eta murgildu poltsa ur-bainuan. Ezarri tenporizadorea 60 minuturako. Hori eginda, kendu poltsa eta gorritu zartagin batean segundo batzuetan alde bakoitzean zerbitzatzeko.

txerri txuletak

Prestaketa + egosketa denbora: 75 minutu | Anoa: 6

Osagaiak:

2 kilo txerri xehatua

½ Kopako ogi birrindua

1 arrautza

1 koilaratxo piperrautsa

Gatza eta piper beltza dastatzeko

1 koilarakada irin

2 gurina koilarakada

Helbideak:

Prestatu bainu bat eta jarri Sous Vide bertan. Ezarri 140 F-ra. Konbinatu txerrikia, arrautza, piperrautsa, irina eta gatza. Eman txuletak eta jarri bakoitza hutsean itxi daitekeen poltsa txiki batean. Askatu airea ura desplazatzeko metodoaren bidez, zigilatu eta murgildu poltsa ur-bainuan. Ezarri tenporizadorea 60 minuturako.

Tenporizadorea gelditu ondoren, kendu poltsa. Urtu gurina zartagin batean su ertainean. Txuleta haragi apurrak estali eta egosi alde guztietatik urrezko marroi arte. Zerbitzatu eta gozatu.

Salbia eta sagardo txuletak

Prestaketa + egosketa denbora: 70 minutu | Anoa: 2

Yoosagaiak

2 txerri txuleta
1 erromero txikituta
Gatza eta piper beltza dastatzeko
1 baratxuri ale xehatuta
1 Kopako sagardo gogorra, banatuta
1 koilaratxo salbia
1 koilarakada landare olioa
1 koilarakada azukre

Helbideak

Prestatu bainu bat eta jarri Sous Vide bertan. Ezarri 138 F-ra.

Ontzi batean, konbinatu gatza, piperra, salbia, erromeroa eta baratxuria. Igurtzi txuletak nahasketa honekin eta jarri hutsean itxi daitekeen poltsa batean. Gehitu 1/4 Kopako sagardo gogorra. Askatu airea ura desplazatzeko metodoaren bidez, zigilatu eta murgildu poltsa ur-bainuan. Egosi 45 minutuz.

Hori eginda, kendu poltsa. Berotu olioa zartagin batean su ertainean eta egosi barazkiak. Gehitu txuletak eta marroi gorritu arte. Utzi 5 minutuz. Bota sukaldeko zukuak zartaginera sagardo kopa 1 eta azukrearekin batera. Jarrai irabiatzen urtu arte. Zerbitzatzeko, gain txuleta saltsarekin.

Txerri solomoa erromeroarekin

Prestaketa + egosketa denbora: 2 ordu 15 minutu | Anoa: 4

Osagaiak:

1 kilo txerri solomoa

2 baratxuri ale

2 erromero adarrak

1 koilarakada erromero lehorra

Gatza eta piper beltza dastatzeko

1 koilarakada oliba olioa

Helbideak:

Prestatu bainu bat eta jarri Sous Vide bertan. Ezarri 140 F-tan. Ondu haragia gatza, erromeroa eta piperra eta jarri hutsean itxi daitekeen poltsa batean baratxuria eta erromeroa barruan dituela. Askatu airea ura desplazatzeko metodoaren bidez, zigilatu eta murgildu poltsa ur-bainuan. Ezarri tenporizadorea 2 ordurako.

Tenporizadorea gelditu ondoren, kendu poltsa. Berotu olioa zartagin batean su ertainean. Marroi haragia alde guztietatik 2 minutuz.

Paprika Pancetta tipula perlarekin

Prestaketa + egosketa denbora: 1 ordu 50 minutu | Anoa: 4

Osagaiak

1 libra tipula perla, zurituta
4 hirugiharra xerra, xehatuta eta egosita
1 koilarakada ezkaia
1 koilaratxo piperrautsa

Helbideak

Prestatu bainu bat eta jarri Sous Vide bertan. Ekarri 186 F-ra. Jarri pancetta, tipula perla, ezkaia eta piperrautsa hutsean itxi daitekeen poltsa batean. Askatu airea ura desplazatzeko metodoaren bidez, itxi eta murgildu poltsa bainuan. Egosi 90 minutuz. Hori eginda, kendu poltsa eta bota sukaldeko zukuak.

Txerri txuletak tomatearekin eta patata purearekin

Prestaketa + egosketa denbora: 5 ordu 40 minutu | Anoa: 4

Osagaiak

500 g azalik gabeko txerri txuleta

Gatza eta piper beltza dastatzeko

1 Kopako behi-salda

½ Kopako tomate saltsa

1 apio zurtoina, 1 hazbeteko dadotan moztuta

1 txalota laurdena

3 adar ezkai fresko

1 oz patata pure gorria

Helbideak

Prestatu bainu bat eta jarri Sous Vide bertan. Ezarri 182 F-ra.

Hautseztatu txuletak gatza eta piperbeltza, ondoren hutsean itxi daitekeen poltsa batean. Gehitu salda, tomate saltsa, txalota, whiskya, apioa eta ezkaia. Askatu airea ura desplazatzeko metodoaren bidez, zigilatu eta murgildu poltsa ur-bainuan. Egosi 5 orduz.

Tenporizadorea gelditu ondoren, kendu txuletak eta eraman plater batera. Erreserbatu sukaldeko likidoak. Kazola bat su bizian berotu eta xukatutako zukuak bota; sutan jarri. Murriztu beroa eta nahasi 20 minutuz. Ondoren, gehitu txuletak eta egosi beste 2-3 minutuz. Zerbitzatu patata purearekin.

Arrautza eta hirugiharra kurruskariarekin txigortua

Prestaketa + egosketa denbora: 70 minutu | Anoa: 2

Osagaiak

4 arrautza gorringo handi
2 hirugiharra xerra
4 ogi xerra

Helbideak

Prestatu bainu bat eta jarri Sous Vide bertan. Ekarri 143 F. Jarri arrautza gorringoak hutsean itxi daitekeen poltsa batean. Askatu airea ura desplazatzeko metodoaren bidez, zigilatu eta murgildu poltsa ur-bainuan. Egosi 60 minutuz.

Bitartean, moztu hirugiharra xerratan eta frijitu kurruskaria izan arte. Transferitu labeko xafla batera. Tenporizadorea gelditu ondoren, gorringoak kendu eta ogi txigortuari pasatu. Gain ezazu pancetta eta zerbitzatu.

Solomo pikantea, papaia saltsarekin

Prestaketa + egosketa denbora: 2 ordu 45 minutu | Anoa: 4

Yoosagaiak

¼ Kopako azukre salda argia

1 koilarakada beheko pipera

½ koilaratxo piper kaiena

¼ koilaratxo kanela ehoa

¼ koilaratxo xehatutako ale

Gatza eta piper beltza dastatzeko

2 kilo txerri solomo

2 koilarakada canola olioa

2 papaia zuritu eta zuritu, fin-fin txikituta

¼ Kopako cilantro freskoa, txikituta

1 piper gorri, hazia, zurtoina eta fin-fin txikituta

3 koilarakada tipula gorri fin-fin txikituta

2 koilarakada limoi zukua

1 piper jalapeño txiki, hazia eta zatituta

Helbideak

Prestatu bainu bat eta jarri Sous Vide bertan. Ezarri 135 F. Konbinatu azukrea, piperbeltza, kanela, piper piperra, ale, kuminoa, gatza eta piperra. Solomoaren gainean hautseztatu.

Berotu olioa zartagin batean su ertainean eta gorritu solomoa 5 minutuz. Transferitu platera eta utzi atseden 10 minutuz. Jarri hutsean itxi daitekeen poltsa batean. Askatu airea ura desplazatzeko metodoaren bidez, zigilatu eta murgildu poltsa ur-bainuan. Egosi 2 orduz.

Tenporizadorea gelditu ondoren, kendu solomoa eta utzi 10 minutuz. Ebaki itzazu xerratan. Saltsarako, nahastu papaia, cilantroa, piperra, tipula, limoi zukua eta jalapeñoa. Solomoa zerbitzatu eta saltsarekin estali. Gatza eta piperra bota eta zerbitzatu.

Patata eta hirugiharra zaporetsua tipulinarekin

Prestaketa + egosketa denbora: 1 ordu 50 minutu | Anoa: 6

Osagaiak

1 ½ kilo patata erdoiak, xerratan
½ Kopako oilasko salda
Gatza eta piper beltza dastatzeko
4 oz hirugiharra zerrenda lodietan moztuta
½ Kopako tipula txikitua
1/3 Kopako sagar sagardo ozpina
4 tipulin xerra finetan

Helbideak

Prestatu bainu bat eta jarri Sous Vide bertan. Ekarri 186 F. Jarri patatak hutsean itxi daitekeen poltsa batean. Espeziak gatza eta piperbeltzarekin. Askatu airea ura desplazatzeko metodoaren bidez, zigilatu eta murgildu poltsa ur-bainuan. Egosi ordu 1 eta 30 minutuz. Hori eginda, kendu patatak plater batera.

Berotu zartagin bat su ertainean eta egosi hirugiharra 5 minutuz. Transferitu labeko xafla batera. Zartagin berean, tipula egosi minutu 1ez. Gehitu patatak, hirugiharra egosi eta ozpina. Egosi egosi arte. Gehitu tipulina eta ondu gatza eta piperbeltza.

txerri txuleta kurruskariak

Prestaketa + egosketa denbora: 1 ordu 15 minutu | Anoa: 3

Osagaiak

3 txerri solomo txuleta

Gatza eta piper beltza dastatzeko

1 kopa irin

1 koilaratxo salbia

2 arrautza osorik

Panko apurrak txuletak estaltzeko

Helbideak

Prestatu bainu bat eta jarri Sous Vide bertan. 138 F-ra ezarri. Moztu solomoa koiperik gabe xerratan. Ondu salbia, gatza eta piperra. Jarri hutsean itxi daitekeen poltsa batean. Askatu airea ura desplazatzeko metodoaren bidez, zigilatu eta murgildu poltsa ur-bainuan. Egosi ordu 1.

Tenporizadorea gelditu ondoren, kendu txuletak eta lehortu. Sartu solomoa irinetan, gero arrautzan eta azkenik panko birrinduan. Errepikatu prozesua xerra guztietarako. Berotu olioa zartagin batean 450 F baino gehiagora eta frijitu txuletak minutu 1z. Hozten utzi eta xerratan moztu. Zerbitzatu arroz eta barazkiekin.

Txerri txuleta gozoa madari eta azenarioekin

Prestaketa + egosketa denbora: 4 ordu 15 minutu | Anoa: 2

Osagaiak

2 hezurrik gabeko txerri txuleta

Gatza eta piper beltza dastatzeko

10 salbia hosto

2 edalontzi azenario birrindua

1 madari, birrindua

1 koilarakada sagar sagardo ozpina

1 koilaratxo oliba olioa

1 koilaratxo ezti

Limoi erdiko zukua

2 koilarakada perrexil freskoa txikituta

1 koilarakada gurina

Helbideak

Ondu txuletak gatz eta piperrez. Jarri salbia hostoak txuletei eta utzi atseden. Prestatu bainu bat eta jarri Sous Vide bertan. Ekarri 134 F-ra. Jarri txuletak hutsean itxi daitekeen poltsa batean. Askatu airea ura desplazatzeko metodoaren bidez, zigilatu eta murgildu poltsa ur-bainuan. Egosi 2 orduz.

Txerri eta perretxiko Ramen fideoak

Prestaketa + egosketa denbora: 24 ordu 15 minutu | Anoa: 2

Osagaiak

8 oz ramen fideoak egosi eta xukatu

¾ kilo txerri sorbalda

6 edalontzi oilasko salda

1 Kopako enoki perretxikoak

2 koilarakada soja saltsa

2 baratxuri ale xehatuta

2 koilarakada jengibre txikitua

2 koilarakada sesamo olio

2 tipulin xerratan

Helbideak

Prestatu bainu bat eta jarri Sous Vide. Ekarri 158 F-ra. Jarri txerrikia hutsean itxi daitekeen poltsa batean. Askatu airea ura desplazatzeko metodoaren bidez, itxi eta murgildu poltsa bainuan. Egosi 24 orduz.

Tenporizadorea gelditu ondoren, kendu txerrikia eta bota. Kazola bero batean, gehitu oilasko salda, soja saltsa, baratxuria eta perretxikoak. Irakiten 10 minutuz. Bota salda ramen fideoen gainean eta gain txerriarekin. Sesamo-olioarekin busti eta zerbitzatzeko zerbitzakin apaindu.

Solomo zaporetsua aguakate saltsarekin

Prestaketa + egosketa denbora: 2 ordu 10 minutu | Anoa: 3

Osagaiak

1 txerri solomoa
1 aguakate gurina pote
erromero-adarrak freskoak
Gatza eta piper beltza dastatzeko

Helbideak

Prestatu bainu bat eta jarri Sous Vide bertan. 146 F-ra ezarri. Ondu solomoa gatza eta piperbeltzarekin. Zabaldu aguakate-gurin pixka bat eta jarri hutsean itxi daitekeen poltsa batean. Gehitu erromeroaren primasak. Askatu airea ura desplazatzeko metodoaren bidez, zigilatu eta murgildu poltsa ur-bainuan. Egosi 2 orduz.

Tenporizadorea gelditu ondoren, kendu bizkarrezurra eta lehortu. Ondu gatza eta piperbeltza, gehitu aguakate-gurin gehiago eta gorritu zartagin bero batean. Ebaki xerratan eta zerbitzatu.

Behi errea cilantro eta baratxuriarekin

Prestaketa + egosketa denbora: 24 ordu 30 minutu | Anoa: 8

Osagaiak

4 koilarakada oliba olio

2 kilo txahala

Gatza eta piper beltza dastatzeko

1 koilaratxo ezkaia

1 koilarakada martorri

1 Kopako soja saltsa

½ Kopako limoi zuku berria

½ Kopako laranja zuku berritua

½ Kopako Worcestershire saltsa

¼ Kopako mostaza horia

3 baratxuri ale, xehatuta

Helbideak

Prestatu bainu bat eta jarri Sous Vide bertan. 141 F-ra ezarri. Prestatu errea eta lotu harategiko katearekin. Ondu gatza, piperra, ezkaia eta martorri.

Jarri burdinurtuzko zartagin bat su bizian. Bitartean, busti ezazu errea 2 koilarakada oliba olioarekin eskuila leun batekin. Jarri haragia zartaginean minutu 1 bi aldeetatik gorritzeko. Konbinatu Worcestershire saltsa, mostaza, baratxuria, soja saltsa, limoi eta laranja zukua ontzi batean.

Irri ezazu haragia hutseko poltsa batean, nahastu aurretik egindako marinadarekin eta itxi poltsa ura desplazatzeko metodoa erabiliz. Egosi ur-bainu batean 24 orduz.

Prest dagoenean, ireki poltsa eta bota likidoa kazola txiki batean. Egosi 10 minutuz su bizian bolumenaren erdira iritsi arte.

Gehitu 2 koilarakada oliba olio eta aurrez berotu burdinurtuzko zartagina su bizian. Jarri astiro-astiro haragia zartaginean eta gorritu minutu bat alde bakoitzean. Kendu errea zartaginetik eta utzi hozten 5 minutu inguru. Moztu xerratan eta gehitu saltsa gainean.

behi saiheskia txuleta

Prestaketa + egosketa denbora: 1 ordu 40 minutu | Anoa: 2

Osagaiak

1 koilarakada gurina

1 libra saiheskia txuleta

Gatza eta piper beltza dastatzeko

½ koilaratxo baratxuri hautsa

½ koilaratxo tipula hautsa

½ koilaratxo ezkaia

Helbideak

Prestatu bainu bat eta jarri Sous Vide bertan. Ezarri 134 F-ra.

Igurtzi haragiaren bi aldeak gatza, piperra, ezkaia, tipula eta baratxuri hautsarekin. Lerratu zatiak hutseko poltsan, gurina gehituz. Erabili ura desplazatzeko metodoa poltsa zigilatzeko eta ur-bainuan jartzeko. Egosi 90 minutuz.

Egindakoan, bota sukaldaritza likidoa eta kendu txuleta poltsatik sukaldeko eskuoihal batekin lehortzeko. Berotu burdinurtuzko zartagin bat su bizian. Egosi txuleta 1 minutuz alde bakoitzeko. Bukatutakoan, utzi hozten 5 minutuz zatitu aurretik.

Frantziako estilo tradizionaleko txuleta

Prestaketa + egosketa denbora: 2 ordu 25 minutu | Anoa: 5

Osagaiak

4 koilarakada gurina

2 kilo solomoa

Gatza eta piper beltza dastatzeko

1 txalota txikituta

2 salbia fresko adar

Erromero fresko adar 1

Helbideak

Prestatu bainu bat eta jarri Sous Vide bertan. Ezarri 134 F-ra.

Urtu 2 koilarakada gurina burdinurtuzko zartagin handi batean su bizian. Jarri solomoa zartaginean eta erre ezazu alde bakoitza 30-45 segundoz. Jarri haragia alde batera. Gehitu txalota, salbia eta erromeroa. Gehitu gurina eta belarrak. Egosi 1-2 minutu inguru berde distiratsua eta biguna arte.

Sartu solomoa hutseko poltsa batean, gehitu aurrez nahastutako belarrak eta zigilatu poltsa ura desplazatzeko metodoa erabiliz. Egosi 2 orduz.

Prest dagoenean, kendu haragia eta bota sukaldeko likidoa. Jarri solomoa paperezko eskuoihalez estalitako plater edo gozogintzako xafla batean.

Berotu burdinurtuzko zartagin bat su bizian eta gehitu 2 koilarakada gurina. Gurina kiskali egiten denean, itzuli txuleta eta erre 2 minutuz bi aldeetatik. Sua itzali eta solomoa 5 bat minutuz utzi. Azkenik, moztu zati txikitan. Barazki eta patatekin zerbitzatzea gomendatzen da.

Behi txuleta txipotlearekin eta kafearekin.

Prestaketa + egosketa denbora: 1 ordu 55 minutu | Anoa: 4

Osagaiak

1 koilarakada oliba olioa

2 gurina koilarakada

1 koilarakada azukre

Gatza eta piper beltza dastatzeko

1 koilarakada kafe ehoa

1 koilarakada baratxuri hautsa

1 koilarakada tipula hautsa

1 koilarakada chipotle hautsa

4 txuleta

Helbideak

Prestatu bainu bat eta jarri Sous Vide bertan. 130 F-ra ezarri. Konbinatu azukre marroia, gatza, piperra, kafe-hondarra, tipula, baratxuri-hautsa eta piperrautsa ontzi txiki batean. Jarri xerrak aurretik garbitutako gainazalean eta eskuila oliba olio geruza fin bat. Jarri xerrak hutseko poltsa bereizietan. Ondoren, itxi poltsak ura desplazatzeko metodoa erabiliz. Jarri ur-bainu batean eta egosi ordu 1, 30 minutuz.

Prest dagoenean, kendu xerrak eta bota likidoa. Jarri xerrak paperezko eskuoihalez estalitako plater batean edo gozogintzako xafla batean. Berotu burdinurtuzko zartagin bat su bizian eta gehitu gurina. Gurina kiskali egiten denean, itzuli solomoa zartaginera eta egosi minutu 1 bi aldeetatik. Utzi hozten 2-3 minutuz eta xerra zerbitzatzeko.

txuleta errea ezin hobea

Prestaketa denbora + egosketa: 20 ordu 20 minutu | Anoa: 4

Osagaiak

4 koilarakada sesamo olio
4 txuleta erre samurrak
1 koilaratxo baratxuri hautsa
1 koilaratxo tipula hautsa
1 koilarakada perrexila lehorra
Gatza eta piper beltza dastatzeko

Helbideak

Prestatu bainu bat eta jarri Sous Vide bertan. Ezarri 130 F-ra.

Berotu sesamo-olioa zartagin batean su bizian eta egosi xerrak minutu 1 alde bakoitzeko. Erreserbatu eta hozten utzi. Konbinatu baratxuri-hautsa, tipula-hautsa, perrexila, gatza eta piperra.

Igurtzi xerrak nahasketarekin eta jarri hutsean itxi daitekeen poltsa batean. Askatu airea ura desplazatzeko metodoaren bidez, zigilatu eta murgildu poltsa ur-bainuan. Egosi 20 orduz. Tenporizadorea gelditu ondoren, kendu xerrak eta lehortu sukaldeko eskuoihal batekin. Baztertu sukaldaritzako zukuak.

Behi-solomoa piperminarekin

Prestaketa + egosketa denbora: 3 ordu 20 minutu | Anoa: 4

Osagaiak

2 koilarakada ghee

2 ¼ kilo behi solomoa

Gatza eta piper beltza dastatzeko

1 koilarakada chili olioa

2 koilarakada ezkaia lehorra

1 koilaratxo baratxuri hautsa

½ koilaratxo tipula hautsa

½ koilaratxo piper kaiena

Helbideak

Prestatu bainu bat eta jarri Sous Vide bertan. Ezarri 134 F. Solomoa gatza eta piperbeltzarekin. Konbinatu chili olioa, ezkaia, baratxuri-hautsa, tipula-hautsa eta Cayenne piperra. Eskuila nahasketa bizkarrezurra gainean. Jarri solomoa hutsean itxi daitekeen poltsa batean. Askatu airea ura desplazatzeko metodoaren bidez, zigilatu eta murgildu poltsa ur-bainuan. Egosi 3 orduz.

Tenporizadorea gelditu ondoren, kendu solomoa eta lehortu sukaldeko eskuoihal batekin. Berotu ghee zartagin batean su bizian eta egosi solomoa 45 segundoz alde bakoitzean. Erreserbatu eta utzi atseden 5 minutuz. Moztu eta zerbitzatu.

Tamari txuleta arrautza nahasiarekin

Prestaketa + egosketa denbora: 1 ordu 55 minutu | Anoa: 4

Osagaiak

¼ Kopako esne

1 Kopako tamari saltsa

½ Kopako azukre marroia

⅓ Kopako oliba olioa

4 baratxuri ale, xehatuta

1 koilaratxo tipula hautsa

Gatza eta piper beltza dastatzeko

2 ½ kilo alboko txuleta

4 arrautza

Helbideak

Prestatu bainu bat eta jarri Sous Vide bertan. Ezarri 130 F. Konbinatu Tamari saltsa, azukre marroia, oliba olioa, tipula hautsa, baratxuria, itsas gatza eta piperra. Jarri txuleta hutsean itxi daitekeen poltsa batean nahasketarekin. Askatu airea ura desplazatzeko metodoaren bidez, zigilatu eta murgildu poltsa ur-bainuan. Egosi ordu 1 eta 30 minutuz.

Ontzi batean, konbinatu arrautzak, esnea eta gatza. Ondo nahasi. Nahasi arrautzak zartagin batean su ertainean. Alde batera utzi. Tenporizadorea gelditu ondoren, kendu txuleta eta lehortu. Berotu zartagin bat su bizian eta egosi txuleta 30 segundoz alde bakoitzeko. Moztu zerrenda txikitan. Zerbitzatu arrautza nahaskiekin.

Mediterraneoko albondigak zaporetsuak

Prestaketa + egosketa denbora: 1 ordu 55 minutu | Anoa: 4

Osagaiak

1 libra behi behi
½ Kopako ogi birrindua
¼ Kopako esne
1 arrautza irabiatua
2 koilarakada albahaka freskoa txikituta
1 baratxuri ale xehatuta
1 koilaratxo gatza
½ koilaratxo albahaka lehorra
1 koilarakada sesamo olioa

Helbideak

Prestatu bainu bat eta jarri Sous Vide bertan. 141 F-ra ezarri. Konbinatu txahala, ogi birrindua, esnea, arrautza, albahaka, baratxuria, gatza eta albahaka eta eman 14-16 albondigak. Jarri 6 albondiga hutsean itxi daitekeen poltsa bakoitzean. Askatu airea ura desplazatzeko metodoaren bidez, zigilatu eta murgildu poltsak ur-bainuan. Egosi 90 minutuz. Berotu olioa zartagin batean su ertainean. Tenporizadorea gelditu ondoren, kendu albondigak eta eraman zartaginera eta erre 4-5 minutuz. Baztertu sukaldaritzako zukuak. Bertaratu.

Piper beteak

Prestaketa + egosketa denbora: 2 ordu 35 minutu | Anoa: 6

Osagaiak:

6 piper ertain

1 libra behi giharrak

1 tipula ertaina, fin-fin txikituta

1 tomate ertain txikituta

½ koilaratxo piper kaiena, ehotuta

3 koilarakada oliba olio birjina estra

Gatza eta piper beltza dastatzeko

Helbideak:

Prestatu ur-bainu bat, jarri Sous Vide bertan eta egokitu 180 F-ra. Moztu piper bakoitzaren zurtoina eta kendu haziak. Garbitu eta erreserbatu.

Ontzi handi batean, konbinatu behi haragia, tipula, tomatea, Cayenne piperra, oliba olioa, gatza eta piperra. Bota haragi-nahasketa piper gainean.

Jarri astiro-astiro piper 1 edo 2 hutsean itxi daitekeen poltsa bakoitzean eta itxi poltsa. Poltsak ur-bainu batean murgildu eta egosi ordu 1 eta 20 minutuz. Tenporizadorea gelditu ondoren, kendu poltsak, ireki eta hoztu 10 minutu inguru zerbitzatu aurretik.

Frantses erara betetako haragi hanburgesak

Prestaketa + egosketa denbora: 50 minutu | Anoa: 5

Osagaiak

1 arrautza

1 libra behi behi

3 tipula berde txikituta

2 koilarakada Worcestershire saltsa

2 koilarakada soja saltsa

Gatza eta piper beltza dastatzeko

5 camembert gazta xerra

5 hanburgesa-opil

iceberg letxuga hostoak

5 tomate xerra

Helbideak

Prestatu bainu bat eta jarri Sous Vide bertan. Ezarri 134 F-ra. Konbinatu haragia, tipula, arrautza eta soja saltsa eskuekin eta ondu gatza eta piperbeltza. Nahasketarekin 8 hanburgesa osatu. Jarri cheddar gazta xerra 1 patty bakoitzaren erdian eta jarri beste patty cheddarren gainean. Konbinatu ondo hanburgesa bakarra sortzeko.

Jarri gazta hanburgesak hutsean itxi daitezkeen lau poltsatan. Askatu airea ura desplazatzeko metodoaren bidez, zigilatu eta murgildu poltsak ur-bainuan. Egosi 30 minutuz.

Tenporizadorea gelditu ondoren, kendu hanburgesak eta lehortu sukaldeko eskuoihal batekin. Baztertu sukaldaritzako zukuak. Berotu zartagin bat su bizian eta erre hanburgesak minutu 1 alde bakoitzeko. Jarri hanburgesak tostadan. Gainean letxuga eta tomatearekin.

Behi-txintxo ketua goxoa

Prestaketa + egosketa denbora: 33 ordu 50 minutu | Anoa: 8)

Osagaiak

¼ koilarakada hickory ke likidoa
8 koilarakada ezti
Gatza eta piper beltza dastatzeko
1 koilaratxo chili hautsa
1 koilarakada perrexila lehorra
1 koilaratxo baratxuri hautsa
1 koilaratxo tipula hautsa
½ koilaratxo ehoko kuminoa
4 kilo txahal bularra

Helbideak

Prestatu bainu bat eta jarri Sous Vide bertan. Ezarri 156 F-ra.

Konbinatu eztia, gatza, piperra, chili hautsa, perrexila, tipula eta baratxuri hautsa eta kuminoa. Erreserbatu nahasketaren 1/4. Eskuila nahasketarekin bularra.

Jarri bularra hutsean itxi daitekeen poltsa handi batean ke likidoarekin. Askatu airea ura desplazatzeko metodoaren bidez, zigilatu eta murgildu poltsa ur-bainuan. Egosi 30 orduz. Tenporizadorea gelditu ondoren, kendu poltsa eta utzi hozten ordubetez.

Berotu labea 300 F-ra.

Lehortu bularra sukaldeko eskuoihal batekin eta garbitu gordetako saltsarekin. Baztertu sukaldaritzako zukuak. Transferitu bularra labeko xafla batera, sartu labean eta erre 2 orduz.

Denbora gelditu ondoren, kendu bularra eta estali aluminiozko paperarekin 40 minutuz. Zerbitzatu babarrunekin, ogi freskoarekin eta gurinarekin.

Dijon Saltxitxak eta Curry Ketchup Behi

Prestaketa + egosketa denbora: 1 ordu 45 minutu | Anoa: 4

Osagaiak

½ Kopako Dijon mostaza
4 behi-saltxitxa
½ Kopako tomate saltsa curry

Helbideak

Prestatu bainu bat eta jarri Sous Vide bertan. Ezarri 134 F-ra.

Jarri hestebeteak hutsean itxi daitekeen poltsa batean. Askatu airea ura desplazatzeko metodoaren bidez, zigilatu eta murgildu poltsa ur-bainuan. Egosi 90 minutuz. Tenporizadorea gelditu ondoren, kendu hestebeteak eta eraman parrilla batera su bizian. Egosi 1-3 minutuz parrillako markak agertu arte. Zerbitzatu mostaza eta curry ketchuparekin.

Hiru puntako txuleta baratxuri eta sojarekin

Prestaketa + egosketa denbora: 2 ordu 5 minutu | Anoa: 2

Osagaiak:

1 ½ lb hiru puntako txuleta

Gatza eta piper beltza dastatzeko

2 koilarakada soja saltsa

6 baratxuri ale, aldez aurretik erreak eta birrinduak

Helbideak:

Egin ur-bainu bat, jarri Sous Vide bertan eta egokitu 130 F-ra. Ondu txuleta piper eta gatzarekin eta jarri hutsean itxi daitekeen poltsa batean. Gehitu soja saltsa. Askatu airea ura desplazatzeko metodoa erabiliz eta zigilatu poltsa. Jarri ur-bainuan eta ezarri tenporizadorea 2 orduz.

Tenporizadorea gelditu ondoren, kendu eta ireki poltsa. Berotu burdinurtuzko zartagin bat su bizian, jarri txuleta eta egosi bi aldeetatik 2 minutuz. Moztu eta zerbitzatu entsalada batean.

Korear erara labean txahal saiheski marinatua

Prestaketa + egosketa denbora: 5 ordu 20 minutu | Anoa: 5

Osagaiak

2 koilarakada canola olioa

3 kilo txahal saiheski

Gatza eta piper beltza dastatzeko

½ Kopako azukre

½ Kopako soja saltsa

¼ Kopako sagar sagardo ozpina

¼ Kopako laranja zukua

2 koilarakada baratxuri xehatua

1 koilaratxo piper gorri malutak

¼ Kopako tipulina txikitua

¼ Kopako sesamo haziak

Helbideak

Prestatu bainu bat eta jarri Sous Vide bertan. Ezarri 141 F-ko saiheskiak gatza eta piperbeltzarekin. Konbinatu azukre marroia, soja saltsa, ozpina, laranja zukua, canola olioa, baratxuria eta piper gorria. Jarri saiheskia hutsean itxi daitezkeen bi poltsatan laranja saltsarekin. Airea askatu ura desplazatzeko metodoa erabiliz. Hoztu 2 orduz. Zigilatu eta murgildu poltsak ur-bainuan. Egosi 3 orduz.

Txuleta Tacos Karibeko Txiliarekin

2 ordu 10 minutu inguru prest | Anoa: 4

Osagaiak

1 koilarakada canola olioa

2 kilo alboko txuleta

Gatza eta piper beltza dastatzeko

1 koilaratxo baratxuri hautsa

2 koilarakada limoi zukua

1 limoiaren azala

Laranja 1aren zestoa eta zukua

1 koilaratxo piper gorri malutak

1 baratxuri ale xehatuta

1 koilarakada gurina

12 arto tortilla

1 aza gorri buru, xerratan

Pico de Gallo, zerbitzatzeko

Krema garratza, zerbitzatzeko

4 serrano txilin xerratan

Helbideak

Prestatu bainu bat eta jarri Sous Vide bertan. Ezarri 130 F. Ondu txuleta gatza, piperra eta baratxuri hautsarekin. Konbinatu limoi-zukua eta azala, laranja-zukua eta azala, piper gorriaren malutak eta baratxuria. Jarri txuleta eta saltsa hutsean itxi daitekeen poltsa batean. Airea askatu ura desplazatzeko metodoa erabiliz. Hoztu 30 minutuz. Zigilatu eta ur-bainuan murgildu. Egosi 90 minutuz.

Tenporizadorea gelditu ondoren, kendu txuleta eta lehortu sukaldeko eskuoihalekin. Berotu olioa eta gurina zartagin batean su bizian eta egosi txuleta 1 minutuz. Ebaki txuleta xerratan. Tortilla bete txuletaz. Aza, pico de gallo, krema garratza eta serranoarekin apaindu.

Saiheski zaporetsua BBQ saltsarekin

Prestaketa + egosketa denbora: 12 ordu 15 minutu | Anoa: 6

Osagaiak

2 gurina koilarakada

1 ½ kilo txahal saiheskia

Gatza eta piper beltza dastatzeko

3 koilarakada sesamo olio txigortua

1½ kopa barbakoa saltsa

10 baratxuri ale, xehatuta

3 koilarakada xanpain ozpina

2 koilarakada jengibre freskoa txikituta

⅛ Kopako tipulin txikitua

⅛ Kopako sesamo haziak

Helbideak

Prestatu bainu bat eta jarri Sous Vide bertan. Ezarri 186 F. Saiheskia gatza eta piperbeltzarekin. Berotu sesamo-olioa zartagin batean su bizian eta saihestu bakoitza minutu 1 albo bakoitzeko. Konbinatu BBQ saltsa, baratxuria, ozpina eta jengibrea. Jarri hiru saiheski hutsean itxi daitekeen poltsa bakoitzean BBQ saltsarekin. Askatu airea ura desplazatzeko metodoaren bidez, zigilatu eta murgildu poltsa ur-bainuan. Egosi 12 orduz.

Tenporizadorea gelditu ondoren, kendu saiheskiak eta lehortu sukaldeko eskuoihal batekin. Berotu kazola bat su ertainean eta bota sukaldeko zukua. Egosi 4-5 minutuz itsatsi arte. Berotu gurina zartagin batean su bizian eta egosi saiheskiak minutu 1 alde bakoitzeko. Estali BBQ saltsarekin. Apaindu tipulina eta sesamo haziekin.

Behi-solo pikantea

Prestaketa + egosketa denbora: 1 ordu 50 minutu | Anoa: 6

Osagaiak

2 koilarakada oliba olio

3 kilo behi solomoa, zerrendatan moztuta

Gatza eta piper beltza dastatzeko

2 koilarakada ardo zuri ozpin

½ koilarakada limoi zuku berria

1 koilaratxo pipea

½ koilarakada baratxuri hautsa

1 tipula txikituta

1 tomate txikitua

2 baratxuri ale xehatuta

2 koilarakada soja saltsa

4 kinoa egosi

Helbideak

Prestatu bainu bat eta jarri Sous Vide bertan. Ezarri 134 F. Solomoa gatza eta piperbeltzarekin. Konbinatu ondo koilarakada 1 oliba olioa, ardo zuria ozpina, limoi-zukua, pizipea eta baratxuri hautsa.

Bota solomoa marinadarekin eta jarri hutsean itxi daitekeen poltsa batean. Askatu airea ura desplazatzeko metodoaren bidez, zigilatu eta murgildu poltsa ur-bainuan. Egosi ordu 1 eta 30 minutuz.

Bitartean, oliba olioa kazola batean berotu su ertainean eta gehitu tipula, tomatea, baratxuria eta soja saltsa. Egosi 5 minutuz tomatea biguntzen hasi arte. Alde batera utzi.

Tenporizadorea gelditu ondoren, kendu solomoa eta lehortu sukaldeko eskuoihal batekin. Erreserbatu sukaldeko zukuak. Berotu zartagin bat su bizian eta gorritu 1-2 minutuz.

Konbinatu sukaldeko zukuak tomate nahasketarekin. Egosi 4-5 minutuz egosi arte. Gehitu solomoa eta nahasi beste 2 minutuz. Kinoarekin zerbitzatu.

Belar Gona Txuleta

Prestaketa + egosketa denbora: 3 ordu 20 minutu | Anoa: 6

Osagaiak

2 gurina koilarakada

3 kilo alboko txuleta

2 koilarakada olio birjina estra

1½ koilarakada baratxuri hautsa

Gatza eta piper beltza dastatzeko

¼ koilaratxo tipula hautsa

¼ koilaratxo piper kaiena

¼ koilaratxo perrexila lehorra

¼ koilaratxo salbia lehorra

¼ koilaratxo birrindua erromero lehorra

Helbideak

Prestatu bainu bat eta jarri Sous Vide bertan. Ezarri 134 F-ra. Oliba olioarekin ornitu txuleta.

Konbinatu baratxuri-hautsa, gatza, piperra, tipula-hautsa, Cayenne piperra, perrexila, salbia eta erromeroa. Igurtzi txuleta nahasketarekin.

Jarri txuleta hutsean zigilatzeko poltsa handi batean. Askatu airea ura desplazatzeko metodoaren bidez, zigilatu eta murgildu poltsa ur-bainuan. Egosi 3 orduz.

Tenporizadorea gelditu ondoren, kendu txuleta eta lehortu sukaldeko eskuoihal batekin. Berotu gurina zartagin batean su bizian eta egosi xerra 2-3 minutuz alde guztietatik. Utzi 5 minutuz eta moztu zerbitzatzeko.

albondigak piperminarekin

Prestaketa + egosketa denbora: 55 minutu | Anoa: 3

Osagaiak:

1 libra behi giharrak

2 koilarakada erabilera guztietarako irina

¼ Kopako esne

½ koilaratxo piper beltz eho berria

¼ koilaratxo pipermina

3 baratxuri ale, xehatuta

1 koilaratxo oliba olioa

1 koilaratxo gatza

½ Kopako apio hosto, fin-fin txikituta

Helbideak:

Prestatu ur-bainu bat, jarri Sous Vide bertan eta egokitu 136 F-ra.

Ontzi handi batean, konbinatu behi haragia irina, esnea, piper beltza, piperbeltza, baratxuria, gatza eta apioarekin. Eskuekin nahastu osagai guztiak ondo konbinatu arte. Eman mokadu tamainako bolak eta jarri hutsean itxi daitekeen poltsa handi batean geruza bakarrean.

Murgildu zigilatu poltsa ur-bainuan eta egosi 50 minutuz. Haragi-bolak poltsatik atera eta lehortu. Albondigak zartagin batean gorritu su ertainean oliba olioarekin, buelta emanez, alde guztietatik gorritu daitezen.

Saiheski errea tomatearekin eta jalapeñoarekin

Prestaketa + egosketa denbora: 1 ordu 40 minutu | Anoa: 4

Osagaiak:

3 kg. behi-saiheski motzak, 2tan moztuta
Gatza eta piper beltza dastatzeko
½ Kopako tomate jalapeno nahasketa
½ Kopako barbakoa saltsa

Helbideak:

Egin ur-bainu bat, jarri Sous Vide bertan eta egokitu 140 F-ra. Ondu saiheskia gatz eta piperrez. Jarri hutsean itxi daitekeen poltsa batean, askatu airea eta itxi. Jarri ur-bainuan eta egokitu denbora ordu 1era. Tenporizadorea gelditu ondoren, ireki poltsa. Nahastu gainerako osagaiak. Utzi hozten 30 minutuz.

Bitartean, berotu parrilla bat su ertainean. Saiheskia jalapeno saltsarekin estali eta plantxan jarri. Erregosi 2 minutuz alde guztietatik.

Greziako Albondigak jogurt saltsarekin

Prestaketa + egosketa denbora: 1 ordu 10 minutu | Anoa: 4

Osagaiak:

1 libra behi giharrak

¼ Kopako ogi birrindua

1 arrautza handi, irabiatua

2 koilarakada perrexil freskoa

Itsasoko gatza eta piper beltza dastatzeko

3 koilarakada oliba olio birjina estra

jogurt saltsa:

6 ontza jogurt greziar

1 koilarakada oliba olio birjina estra

aneta freskoa

1 limoi-zukua

1 baratxuri ale xehatuta

Gatza dastatzeko

Helbideak:

Hasi jogurt saltsaren prestaketarekin. Irabiatu saltsaren osagai guztiak ontzi ertain batean, estali eta hozkailuan ordubetez.

Orain, prestatu ur-bainu bat, jarri Sous Vide bertan eta jarri 141 F-tan. Jarri haragia ontzi handi batean. Gehitu arrautza irabiatua, ogi birrindua, perrexila freskoa, gatza eta piperra. Osagaiak ondo konbinatu. Eman mokadu tamainako bolak eta jarri hutsean itxi daitekeen poltsa handi batean geruza bakarrean. Zigilatu poltsa eta egosi ur-bainu batean ordubetez. Koilara koilara batekin, kontu handiz atera poltsatik eta bota sukaldaritza likidoa.

Su ertainean zartagin batean albondigak oliba olioarekin gorritu arte, 2-3 minutu alde bakoitzeko. Gehitu jogurt saltsarekin eta zerbitzatu.

Solomoa piperminarekin

Prestaketa + egosketa denbora: 2 ordu 45 minutu | Anoa: 5

Osagaiak

2 koilarakada ezti

3 kilo solomo

2 koilarakada oliba olio

Gatza eta piper beltza dastatzeko

2 koilarakada tipula hautsa

2 koilarakada baratxuri hautsa

1 koilarakada piperrautsa

2 koilarakada serrano txili hauts ketua

1 koilaratxo salbia lehorra

1 koilaratxo intxaur muskatua

1 koilarakada ehoko kuminoa

2 gurina koilarakada

Helbideak

Prestatu bainu bat eta jarri Sous Vide bertan. Ezarri 130 F-ra. Oliba-olioarekin eskuilatzea.

Konbinatu gatza, piperra, eztia, tipula hautsa, baratxuri hautsa, piperrauts ketua, serrano txile hautsa ketua, salbia, intxaur muskatua eta kuminoa. Solomoa igurtzi nahasketarekin.

Jarri hutsean itxi daitekeen poltsa handi batean. Askatu airea ura desplazatzeko metodoaren bidez, zigilatu eta murgildu poltsa ur-bainuan. Egosi 2 ordu eta 30 minutuz.

Tenporizadorea gelditu ondoren, kendu txuleta eta lehortu sukaldeko eskuoihal batekin. Berotu gurina zartagin batean su bizian eta egosi txuleta 2-3 minutuz alde guztietatik. Utzi 5 minutuz eta moztu zerbitzatzeko.

Erretegiko txahala errea

Prestaketa + egosketa denbora: 48 ordu 15 minutu | Anoa: 8

Osagaiak:

1 ½ kilo txahal bularra
Gatza eta piper beltza dastatzeko
1 koilarakada oliba olioa
1 koilarakada baratxuri hautsa

Helbideak:

Prestatu bainu bat eta jarri Sous Vide bertan. Ezarri 150 F-ra. Igurtzi gatza, piperra eta baratxuri-hautsa haragiaren gainean eta jarri hutsean itxi daitekeen poltsa batean. Askatu airea ura desplazatzeko metodoaren bidez, zigilatu eta ur-bainuan murgildu. Ezarri tenporizadorea 48 ordurako. 2 egun igaro ondoren, berotu oliba olioa zartagin batean su ertainean. Haragia poltsatik atera eta gorritu alde guztietatik.

Solomo txuletak perretxiko krema saltsarekin

Prestaketa + egosketa denbora: 1 ordu 20 minutu | Anoa: 3

Osagaiak:

3 (6 oz) hezurrik gabeko solomo txuleta

Gatza eta piper beltza dastatzeko

4 koilarakada gatzik gabeko gurina

1 koilarakada oliba olioa

6 oz perretxiko zuri, laurdenetan

2 txalota handi, txikituta

2 baratxuri ale xehatuta

½ Kopako txahal salda

½ Kopako krema astuna

2 koilarakada mostaza saltsa

Tipulina xerra finetan apaintzeko

Helbideak:

Prestatu ur-bainu bat, jarri Sous Vide bertan eta egokitu 135ºF-ra. Ondu haragia piper eta gatzarekin eta jarri hutsean itxi daitezkeen 3 poltsatan. Gehitu koilarakada 1 gurina poltsa bakoitzean. Askatu airea ura desplazatzeko metodoaren bidez, zigilatu eta murgildu poltsa ur-bainuan. 45 minututan ezarri.

Tenporizadorea gelditu baino hamar minutu lehenago, berotu olioa eta gainerako gurina zartagin batean su ertainean. Tenporizadorea gelditu ondoren, kendu eta ireki poltsa. Haragia kendu, lehortu eta zartaginean jarri. Erreserbatu zukuak poltsetan. Egosi alde bakoitza minutu 1 eta transferitu ebaketa-ohol batera. Moztu eta erreserbatu.

Zartagin berean, gehitu txanpinoiak eta perretxikoak. Egosi 10 minutuz eta gehitu baratxuria. Egosi 1 minutuz. Gehitu salda eta gordetako zukuak. Su motelean egosi 3 minutuz. Gehitu esnegaina astuna, irakiten jarri su bizian eta 5 minutu igaro ondoren su baxuenera murriztu. Sua itzali eta mostaza saltsa gehitu. Jarri xerra plater batean, gainean perretxiko saltsarekin eta apaindu tipula.

Prime Saiheskia Apio Belar Lurrazalarekin

Prestaketa + egosketa denbora: 5 ordu 15 minutu | Anoa: 3

Osagaiak:

1 ½ lb saiheskia txuleta, hezurrez
Gatza eta piper beltza dastatzeko
½ koilaratxo piper arrosa
½ koilarakada apio haziak, lehortuak
1 koilarakada baratxuri hautsa
2 erromero adar, txikituta
2 edalontzi behi-salda
1 arrautza zuringoa

Helbideak:

Haragia gatzarekin igurtzi eta ordubetez utzi marinatzen. Egin ur-bainu bat, jarri Sous Vide bertan eta egokitu 130 F-ra. Jarri txahala hutsean itxi daitekeen poltsa batean, askatu airea ura desplazatzeko metodoa erabiliz eta zigilatu poltsa. Murgildu poltsa ur-bainuan. Ezarri tenporizadorea 4 orduz eta egosi. Egindakoan, kendu haragia eta lehortu; alde batera utzi.

Nahastu piper beltza, piper arrosa hautsa, apio hazia, baratxuri hautsa eta erromeroa. Haragia garbitu arrautza zuringoarekin. Busti haragia apio-hazien nahasketan dotorez estaltzeko. Jarri labeko xafla batean eta labean sartu 15 minutuz. Kendu eta utzi hozten ebakitzeko taula batean.

Emeki moztu haragia hezurren kontra. Bota likidoa hutseko poltsa batean eta txahal salda zartagin batean eta irakiten jarri su ertainean. Baztertu koipeak edo flotatzen diren solidoak. Jarri haragi xerrak plater batean eta bota saltsa gainean. Zerbitzatu barazki berde lurrunetan albo batekin.

Behi xerra Txalota eta Perrexilarekin

Prestaketa + egosketa denbora: 1 ordu 15 minutu | Anoa: 4

Osagaiak:

2 kilo behi xerra, xerratan

2 koilarakada Dijon mostaza

3 koilarakada oliba olioa

1 koilarakada perrexil hosto freskoa, fin-fin txikituta

1 koilaratxo erromero freskoa, fin-fin txikituta

1 koilarakada txalota fin-fin txikituta

½ koilaratxo ezkaia lehorra

1 baratxuri ale birrindua

Helbideak:

Prestatu bainu bat eta jarri Sous Vide bertan. Ezarri 136 F-ra.

Ontzi txiki batean, konbinatu Dijon mostaza, oliba olioa, perrexila, erromeroa, txalota, ezkaia eta baratxuria. Igurtzi haragia nahasketa honekin eta jarri hutsean itxi daitekeen poltsa batean. Askatu airea ura desplazatzeko metodoaren bidez, zigilatu eta murgildu poltsa ur-bainuan. Ezarri tenporizadorea ordubeterako. Zerbitzatu entsaladarekin.

birrindua barbakoa errea

Prestaketa + egosketa denbora: 14 ordu 20 minutu | Anoa: 3

Osagaiak:

1 libra txahal errea
2 koilarakada barbakoa ongarri

Helbideak:

Egin ur-bainu bat, jarri Sous Vide bertan eta egokitu 165 F-ra.

Aurrez berotu parrilla bat. Haragia lehortu paperezko eskuoihal batekin eta igurtzi barbakoa ongailuarekin. Utzi 15 minutuz atseden. Jarri haragia hutsean itxi daitekeen poltsa batean, askatu airea ura desplazatzeko metodoa erabiliz eta zigilatu poltsa.

Murgil zaitez ur-bainuan. Ezarri tenporizadorea 14 orduz eta egosi. Tenporizadorea gelditu ondoren, kendu poltsa eta ireki. Kendu haragia eta txikitu. Bertaratu.

behi arrunta

Prestaketa + egosketa denbora: 5 ordu 10 minutu | Anoa: 4

Osagaiak:

15 ontza behi bularra

1 koilarakada gatz

¼ Kopako behi-salda

1 koilaratxo piperrautsa

1 garagardo kopa

2 tipula xerratan

½ koilaratxo oregano

1 koilaratxo piper kaiena

Helbideak:

Prestatu bainu bat eta jarri Sous Vide bertan. Ezarri 138 F. Moztu haragia 4 zatitan. Jarri hutsean itxi daitezkeen poltsa bereizietan. Irabiatu garagardoa, salda eta espeziak ontzi batean. Gehitu tipulak. Banatu nahasketa poltsen artean.

Askatu airea ura desplazatzeko metodoaren bidez, zigilatu eta murgildu poltsa ur-bainuan. Ezarri tenporizadorea 5 ordurako. Tenporizadorea gelditu ondoren, kendu poltsa eta jarri plater batean.

Suzko Tomate Errea Solomoa

Prestaketa + egosketa denbora: 2 ordu 8 minutu | Anoa: 4

Osagaiak:

2 kilo erdiko moztutako behi solomoa, 1 hazbeteko lodiera
1 Kopako sutan erretako tomateak, txikituta
Gatza eta piper beltza dastatzeko
3 koilarakada oliba olio birjina estra
2 erramu hosto, osorik
3 koilarakada gurin gatzgabea

Helbideak:

Prestatu ur-bainu bat, jarri Sous Vide bertan eta egokitu 136 F-ra. Garbitu haragia ondo ur korrontearen azpian, eta lehortu paperezko eskuoihalekin. Oliba-olioarekin ondo igurtzi eta gatza eta piperbeltza eskuzabalarekin. Jarri hutsean itxi daitekeen poltsa handi batean sutan erretako tomateekin eta bi erramu hostoekin batera. Poltsa itxi, ur-bainuan murgildu eta 2 orduz egosi.

Hori eginda, kendu poltsak, jarri haragia labeko xafla batean. Baztertu egosteko likidoa. Zartagin handi batean, gurina urtu su ertainean. Gehitu solomoa eta egosi 2 minutuz alde bakoitzean. Zerbitzatu zure gustuko saltsarekin eta barazkiekin.

Solomoa Arbi Purearekin

Prestaketa + egosketa denbora: 1 ordu 20 minutu | Anoa: 4

Osagaiak:

4 solomo txuleta

2 kilo arbiak, zatituta

Gatza eta piper beltza dastatzeko

4 koilarakada gurina

Oliba olioa gorritzeko

Helbideak:

Egin ur-bainu bat, sartu Sous Vide eta jarri 128 F-tan. Ondu xerrak piper eta gatzarekin eta jarri hutsean itxi daitekeen poltsa batean. Askatu airea ura desplazatzeko metodoaren bidez, zigilatu eta murgildu poltsa ur-bainuan. Ezarri tenporizadorea ordubeterako.

Jarri arbiak ur irakinetan eta egosi bigundu arte 10 bat minutuz. Iragazi arbiak eta jarri ontzi batean. Gehitu gurina eta birrinduta. Ondu piperra eta gatza.

Tenporizadorea gelditu ondoren, kendu eta ireki poltsak. Kendu xerrak poltsatik eta lehortu. Ondu dastatzeko. Marroi xerrak zartagin batean olioarekin su ertainean 2 minutu inguru alde bakoitzean. Zerbitzatu txuletak arbi purearekin.

Alboko Txuleta Tomate Errearekin

Prestaketa + egosketa denbora: 3 ordu 30 minutu | Anoa: 3

Osagaiak:

1 libra alboko txuleta

4 koilarakada oliba olio, bitan banatuta

1 koilarakada + 1 koilarakada italiar ongailu

Gatza eta piper beltza dastatzeko

4 baratxuri ale, 2 ale xehatu + 2 ale oso

1 Kopako cherry tomateak

1 koilarakada ozpin baltsamikoa

3 koilarakada parmesano birrindua

Helbideak:

Prestatu ur-bainu bat, jarri Sous Vide bertan eta egokitu 129 F-ra. Jarri txuleta hutsean itxi daitekeen poltsa batean. Gehitu oliba olioaren erdia, ongailu italiarra, piper beltza, gatza eta baratxuri birrindua eta igurtzi astiro-astiro.

Askatu airea ura desplazatzeko metodoa erabiliz eta zigilatu poltsa. Murgil zaitez ur-bainuan. Ezarri tenporizadorea 3 orduz eta egosi 10 minutuz. Tenporizadorea gelditu baino lehen, berotu labea 400 F-ra.

Ontzi batean, nahastu tomateak gainerako osagaiekin, parmesanoarekin izan ezik. Labeko ontzi batera bota eta labean jarri sutik urrunen dagoen parrillan. Labean 15 minutuz.

Tenporizadorea gelditu ondoren, kendu poltsa, ireki eta kendu txuleta. Transferitu gainazal lau batera eta irten bi aldeak zuzi batekin urrezko arte. Hozten utzi eta xerra finetan moztu. Zerbitzatu txuleta tomate errearekin. Parmesano gaztarekin apaindu.

Behi txuleta udarearekin

Prestaketa denbora + egosketa: 3 ordu 10 minutu | Anoa: 3

Osagaiak:

3 (6 oz) behi udare xerrak
2 koilarakada oliba olio
4 koilarakada gurin gatzgabea
4 baratxuri ale, xehatuta
4 ezkai fresko adar

Helbideak:

Egin ur-bainu bat, jarri Sous Vide bertan eta egokitu 135F-ra. Ondu haragia gatzarekin eta jarri hutsean itxi daitezkeen 3 poltsatan. Askatu airea ura desplazatzeko metodoaren bidez eta zigilatu poltsak. Murgil zaitez ur-bainuan. Ezarri tenporizadorea 3 orduz eta egosi.

Tenporizadorea gelditu ondoren, kendu haragia, lehortu eta piper eta gatzarekin ondu. Berotu olioa zartagin batean su ertainean erretzen hasi arte. Gehitu xerrak, gurina, baratxuria eta ezkaia. Marroi 3 minutuz bi aldeetatik. Gurina pixka bat gehiago bota prestatzen duzun bitartean. Ebaki xerrak nahi dituzun xerretan.

Behi sorbalda perretxikoekin

Prestaketa + egosketa denbora: 6 ordu 15 minutu | Anoa: 3

Osagaiak:

1 libra behi sorbalda

1 azenario ertaina, xerratan

1 tipula handi txikituta

¾ Kopako perretxikoak, xerratan

1 Kopako behi-salda

2 koilarakada oliba olio

4 baratxuri ale fin-fin txikituta

Gatza eta piper beltza dastatzeko

Helbideak:

Prestatu bainu bat eta jarri Sous Vide bertan. Ekarri 136 F-ra. Jarri behi-sorbalda hutsean itxitako poltsa handi batean xerratan azenarioarekin eta salda erdiarekin batera. Poltsa itxia ur-bainuan murgildu eta 6 orduz egosi. Tenporizadorea gelditu ondoren, kendu haragia poltsatik eta lehortu.

Kazola batean oliba olioa berotu eta tipula eta baratxuria gehitu. Salteatu zeharrargi arte, 3-4 minutuz. Gehitu behi-sorbalda, gainerako salda, 2 edalontzi ur, perretxikoak, gatza eta piperra. Ekarri irakiten eta gutxitu sua gutxienera. Egosi beste 5 minutuz, etengabe nahastuz.

Tomate Perretxikoak beteak

Prestaketa + egosketa denbora: 60 minutu | Anoa: 4

Osagaiak:

2 kilo cremini perretxikoak

1 piper horia, fin-fin txikituta

2 tomate ertain, zuritu eta fin-fin txikituta

2 tipula, fin-fin txikituta

1 ¾ Kopako behi behi gihar

3 koilarakada oliba olioa

Gatza eta piper beltza dastatzeko

Helbideak:

Prestatu bainu bat eta jarri Sous Vide bertan. Ezarri 131 F. Perretxikoak lurrunetan eta gorde txapelak. Moztu perretxikoen zurtoinak. Berotu 2 koilarakada oliba olio zartagin handi batean. Gehitu tipula eta frijitu minutu 1 batez.

Orain, gehitu behi haragia eta salteatu minutu batzuk gehiago, etengabe nahastuz. Gehitu perretxiko zurtoinak, tomateak, piperra, gatza eta piper beltza, eta jarraitu salteatzen 3 minutu gehiagoz.

Jarri perretxikoak laneko gainazal garbi batean eta bota gainerako olioarekin. Jarri haragi-nahasketa tapa bakoitzean eta jarri hutsean itxi daitekeen poltsa handi batean geruza bakarrean. Askatu airea ura desplazatzeko metodoaren bidez, zigilatu eta murgildu poltsa ur-bainuan. Ezarri tenporizadorea 50 minuturako.

Tenporizadorea gelditu ondoren, kendu perretxikoak poltsatik. Transferitu zerbitzatu plater batera. Bota poltsan geratzen diren perretxiko-zukuen gainetik. Zerbitzatu entsaladarekin.

Behi gisatu klasikoa

Prestaketa + egosketa denbora: 3 ordu 15 minutu | Anoa: 4

Osagaiak:

1 libra behi-lepoa, zati txikitan txikituta

½ berenjena handi, xerratan

1 Kopako sutan tomate errea

1 Kopako behi-salda

½ Kopako borgoña

¼ Kopako landare-olioa

5 piper ale, osorik

2 koilarakada gatzik gabeko gurina

1 erramu hosto, osorik

1 koilarakada tomate-pasta

½ koilarakada piper kaiena

¼ koilaratxo piper (aukerakoa)

1 koilaratxo gatza

perrexila freskoa apaintzeko

Helbideak:

Prestatu bainu bat eta jarri Sous Vide bertan. Ezarri 135 F. Garbitu haragia ur hotzarekin. Lehortu sukaldeko paperarekin eta jarri laneko gainazal garbi batean. Labana zorrotz batekin, zati txikitan moztu.

Ontzi handi batean, konbinatu borgoña olioa, piperbeltza, erramu hostoa, piperbeltza, piperbeltza eta gatza. Busti haragia nahasketa honetan eta hozkailuan jarri 2 orduz. Kendu haragia marinadatik eta lehortu sukaldeko paperarekin. Erreserbatu likidoa. Jarri hutsean itxi daitekeen poltsa handi batean. Poltsa zigilatu.

Murgildu zigilatutako poltsa ur-bainuan eta egosi ordubetez. Kendu ur-bainutik, bota erramu hostoa eta eraman hondo astun eta sakon batera. Gehitu gurina eta astiro-astiro urtu su ertainean. Gehitu berenjenak, tomateak eta ¼ kopa marinada. Egosi 5 minutu gehiago, etengabe nahastuz. Dastatu, egokitu ongailuak eta zerbitzatu perrexil fresko txikituarekin apaindua.

baratxuri hanburgesak

Prestaketa + egosketa denbora: 70 minutu | Anoa: 4

Osagaiak:

1 libra behi giharrak

3 baratxuri ale, xehatuta

2 koilarakada ogi birrindua

3 arrautza irabiatuta

4 hanburgesa-opil

4 letxuga hosto kurruskaria

4 tomate xerra

¼ Kopako dilistak bustiak

¼ Kopako olioa, erditik banatuta

1 koilarakada fin-fin txikituta cilantro

Gatza eta piper beltza dastatzeko

Helbideak:

Prestatu ur-bainu bat, jarri Sous Vide bertan eta egokitu 139 F-ra.

Bitartean, ontzi batean, konbinatu dilistak haragia, baratxuria, cilantroa, ogi birrindua, arrautza eta 3 koilarakada olioarekin. Ondu gatza eta piper beltza. Eskuak erabiliz, moldatu patriei eta jarri irina apur bat lanerako gainazalean. Kontu handiz jarri hanburgesa bakoitza hutsean itxi daitekeen poltsa batean eta itxi. Ur-bainuan murgildu eta egosi ordubetez.

Tenporizadorea gelditu ondoren, kontu handiz kendu hanburgesak poltsatik eta lehortu paperezko eskuoihal batekin. Alde batera utzi. Berotu gainerako olioa zartagin handi batean. Egosi hanburgesak 2-3 minutuz alde bakoitzean, kurruskari gehiago izateko. Bota hanburgesak zure saltsarekin eta transferitu opiletara. Letxuga eta tomatearekin bezala apaindu eta berehala zerbitzatu.

beheko txahal gisatua

Prestaketa + egosketa denbora: 60 minutu | Anoa: 3

Osagaiak:

4 berenjena ertain, erditik moztuta

½ Kopako behi giharrak

2 tomate ertain, txikituta

¼ Kopako oliba olio birjina estra

2 koilarakada almendra fin-fin txikituta

1 koilarakada apio hosto freskoa, fin-fin txikituta

Gatza eta piper beltza dastatzeko

1 koilaratxo ezkaia

Helbideak:

Prestatu bainu bat eta jarri Sous Vide bertan. Ezarri 180 F-ra. Moztu berenjenak erditik, luzera. Haragia atera eta ontzi batera eraman. Bota eskuzabal gatza eta utzi hamar minutuz.

Berotu 3 koilarakada olio su ertainean. Frijitu laburki alberjiniak alde bakoitzean 3 minutuz eta kendu zartaginetik. Erabili sukaldeko papera gehiegizko olioa xurgatzeko. Alde batera utzi.

Jarri beheko txahala zartagin berean. Salteatu 5 minutuz, gehitu tomateak eta sutan jarri tomateak bigundu arte. Gehitu berenjenak, almendrak eta apio hostoak eta egosi 5 minutuz. Sua itzali eta ezkaia gehitu.

Transferitu dena hutsean itxi daitekeen poltsa handi batera. Askatu airea ura desplazatzeko metodoaren bidez, zigilatu eta murgildu poltsa ur-bainuan. Ezarri tenporizadorea 40 minuturako.

Tenporizadorea gelditu ondoren, kendu poltsa eta bota edukia ontzi handi batera. Dastatu eta egokitu ongailuak. Zerbitzatu perrexilarekin apaindua, nahi izanez gero.

Behi-solomoa tomate saltsan

Prestaketa + egosketa denbora: 2 ordu 5 minutu | Anoa: 3

Osagaiak:

1 libra behi solomo medailoi
1 Kopako sutan tomate errea
1 koilaratxo piper beroa saltsa
3 baratxuri ale, xehatuta
2 koilarakada pipermina
2 koilarakada baratxuri hautsa
2 koilarakada limoi freskoa
1 erramu hosto
2 koilarakada landare-olio
Gatza eta piper beltza dastatzeko

Helbideak:

Prestatu ur-bainu bat, jarri Sous Vide bertan eta egokitu 129 F. Ondu haragia gatz eta piper beltzarekin.

Ontzi batean, konbinatu sutan erretako tomateak piper beroaren saltsarekin, baratxuri birrindua, pipermina, baratxuri hautsa eta limoi zukua. Gehitu solomoa nahasteari eta bota estaltzeko. Jarri hutsean itxi daitekeen poltsa geruza bakarrean eta itxi. Ur-bainuan murgildu eta egosi 2 orduz.

Tenporizadorea gelditu ondoren, kendu medailoiak eta lehortu. Baztertu erramu hostoa. Erreserbatu sukaldeko zukuak. Marroi zartagin oso bero batean minutu 1 inguru. Zerbitzatu saltsarekin eta patata purearekin.

Txahalarekin Tipula

Prestaketa + egosketa denbora: 1 ordu 15 minutu | Anoa: 3

Osagaiak:

¾ Kopako behi giharrak, zati txikitan txikituta

2 tipula handi, zuritu eta fin-fin txikituta

¼ edalontzi ur

3 koilarakada mostaza

1 koilaratxo soja saltsa

1 koilarakada ezkaia lehorra

2 koilarakada landare olioa

2 koilarakada sesamo olio

Helbideak:

Prestatu bainu bat eta jarri Sous Vide bertan. Ezarri 136 F-ra. Garbitu haragia eta lehortu sukaldeko paperarekin. Sukaldeko eskuila erabiliz, zabaldu mostaza haragiaren gainean eta hautseztatu ezkai lehorra.

Jarri hutsean itxi daitekeen poltsa batean soja saltsarekin, tipula txikituta eta sesamo olioarekin batera. Poltsa zigilatu. eta bainuan murgildu eta egosi ordubetez. Kendu urbainutik. Haragia paperezko eskuoihal batekin lehortu eta alde batera utzi.

Berotu landare-olioa zartagin handi batean su ertainean. Gehitu txahal txuletak eta salteatu 5 minutuz, etengabe nahastuz. Sutik kendu eta zerbitzatu.

Baratxuri Saiheskia

Prestaketa + egosketa denbora: 10 ordu 15 minutu | Anoa: 8

Osagaiak:

3 kilo saiheskia, moztuta
1 erromero adar
1 ezkai adar
Gatza eta piper beltza dastatzeko
6 baratxuri ale
1 koilarakada oliba olioa

Helbideak:

Prestatu bainu bat eta jarri Sous Vide bertan. 140 F-ra ezarri. Saiheskia gatz eta piperrez ondu eta hutsean itxi daitekeen poltsa batean ezkai eta erromeroarekin jarri. Askatu airea ura desplazatzeko metodoaren bidez, zigilatu eta murgildu poltsa ur-bainuan. Ezarri tenporizadorea 10 ordurako.

Tenporizadorea gelditu ondoren, kendu poltsa. Baratxuri aleak xehatu ore batean, zabaldu pasta haragiaren gainean.

Zartagin batean oliba olioa berotu eta haragia gorritu alde guztietatik, minutu batzuetan.

Behi txuleta azenario txikiekin

Prestaketa + egosketa denbora: 2 ordu 15 minutu | Anoa: 5

Osagaiak:

2 kilo behi txuleta

7 azenario haur, xerratan

1 tipula txikituta

1 Kopako tomate-pasta

2 koilarakada landare olioa

2 koilarakada perrexil freskoa, fin-fin txikituta

Gatza eta piper beltza dastatzeko

Helbideak:

Prestatu bainu bat eta jarri Sous Vide bertan. Ezarri 133 F. Garbitu eta lehortu haragia sukaldeko paperarekin. Labana zorrotz batekin, zati txikitan moztu eta gatza eta piperbeltzarekin ondu.

Zartagin batean, gorritu haragia oliotan su ertainean, berriro uniformeki gorrituz 5 minutuz.

Orain, gehitu xerratan azenarioak eta tipula zartaginean, egosi leundu arte, 2 minutu inguru. Gehitu tomate-pasta, gatza eta piperra. Bota ½ edalontzi ur.

Kendu sutik eta transferitu geruza bakarrean hutsean itxi daitekeen poltsa handi batera. Askatu airea ura desplazatzeko metodoaren bidez, zigilatu eta murgildu poltsa ur-bainuan. Ezarri tenporizadorea 2 ordurako. Kendu poltsa bainutik eta eraman edukia plater batera. Zerbitzatu perrexil freskoarekin apaindua.

Ardo Gorria Behi Saiheskia

Prestaketa + egosketa denbora: 6 ordu 15 minutu | Anoa: 3

Osagaiak:

1 libra txahal saiheskia
¼ kopa ardo beltz
1 koilaratxo ezti
½ Kopako tomate-pasta
2 koilarakada oliba olio
½ Kopako txahal salda
¼ Kopako sagar sagardo ozpina
1 baratxuri ale xehatuta
1 koilaratxo piperrautsa
Gatza eta piper beltza dastatzeko

Helbideak:

Prestatu bainu bat eta jarri Sous Vide bertan. Ezarri 140 F-ra. Garbitu eta xukatu saiheskiak. Ondu gatza, piperra eta piperrautsarekin. Jarri geruza bakarreko poltsa hutsean zigilatzeko ardoarekin, tomate-pasta, behi-salda, eztia eta sagar sagardoarekin batera. Askatu airea ura desplazatzeko metodoaren bidez, zigilatu eta murgildu poltsa ur-bainuan. Ezarri tenporizadorea 6 ordurako. Saiheskiak lehortu. Baztertu sukaldaritzako likidoak.

Zartagin handi batean, berotu oliba olioa su ertainean. Gehitu baratxuria eta frijitu zeharrargitsu arte. Jarri saiheskiak eta erre 5 minutuz alde bakoitzean.

Behi haragia piperrekin

Prestaketa + egosketa denbora: 6 ordu 10 minutu | Anoa: 2

Osagaiak:

1 libra behi-solomoa, zati txikitan moztuta
1 tipula handi fin-fin txikituta
1 koilarakada gurina urtua
1 koilarakada perrexil freskoa, fin-fin txikituta
1 koilarakada ezkai lehorra, ehotuta
1 koilarakada limoi zuku berria
1 koilarakada tomate-pasta
Gatza eta piper beltza dastatzeko

Helbideak:

Prestatu bainu bat eta jarri Sous Vide bertan. Ezarri 158 F-ra. Ondo konbinatu osagai guztiak, perrexila izan ezik, hutsean itxi daitekeen poltsa handi batean. Askatu airea ura desplazatzeko metodoaren bidez, zigilatu eta murgildu poltsa ur-bainuan. Ezarri tenporizadorea 6 ordurako.

Tenporizadorea gelditu ondoren, kendu ur-bainutik eta ireki poltsa. Zerbitzatu berehala perrexil fresko txikituarekin apaindua.

behi stroganoff

Prestaketa + egosketa denbora: 24 ordu 15 minutu | Anoa: 4

Osagaiak:

1 libra txahal errea, zatitan moztuta
½ tipula txikituta
1 kilo perretxikoak, xerratan
1 baratxuri ale xehatuta
¼ kopa ardo zuri
4 koilarakada jogurt greko
½ Kopako txahal salda
1 koilarakada gurina
1 adar lau perrexil freskoa
Gatza eta piper beltza dastatzeko

Helbideak:

Prestatu bainu bat eta jarri Sous Vide bertan. Ezarri 140 F. Ondu haragia gatza eta piperbeltzarekin. Jarri hutsean itxi daitekeen poltsa batean eta itxi. Aurrez berotutako uretan murgildu eta egosi 24 orduz.

Hurrengo egunean, urtu gurina zartagin batean su ertainean. Gehitu tipula eta baratxuria eta frijitu bigundu arte, 3 minutu inguru. Gehitu perretxikoak eta egosi beste 5 minutuz. Ardoa eta salda bota eta egosi nahasketa erdira murriztu arte.

Gehitu haragia eta egosi beste minutu batez. Dastatu eta egokitu ongailuak. Zerbitzatu beroa perrexil fresko txikituarekin.

Haragi ziztadak teriyaki saltsarekin eta haziekin

Prestaketa + egosketa denbora: 70 minutu | Anoa: 2

Osagaiak

2 behi txuleta

½ Kopako teriyaki saltsa

2 koilarakada soja saltsa

2 koilarakada txikitutako chile freskoak

1 koilarakada eta erdi sesamo hazi txigortuak

2 koilarakada mitxoleta haziak, txigortuta

8 oz arroz fideoak

2 koilarakada sesamo olio

1 koilarakada fin-fin txikitutako tipula

Helbideak

Prestatu bainu bat eta jarri Sous Vide bertan. 134 F-ra ezarri. Moztu haragia dadotan eta jarri hutsean itxi daitekeen poltsa batean. Gehitu 1/2 kopa teriyaki saltsa. Askatu airea ura desplazatzeko metodoaren bidez, zigilatu eta murgildu poltsa ur-bainuan. Egosi 60 minutuz.

Ontzi batean, nahastu soja saltsa eta pipermina. Beste ontzi batean, jarri mitxoleta haziak. 50 minutu igaro ondoren, hasi fideoak prestatzen. Xukatu eta ontzi batera transferitu. Tenporizadorea gelditu ondoren, kendu haragia eta baztertu sukaldaritzako zukuak. Berotu sesamo olioa zartagin batean su bizian eta gehitu haragia 6 koilarakada teriyaki saltsarekin. Egosi 5 segundoz. Ontzi batean zerbitzatu eta hazi txigortuekin apaindu.

Limoi Piper Natilaren Txuleta

Prestaketa + egosketa denbora: 2 ordu 15 minutu | Anoa: 4

Osagaiak:

2 kilo alboko txuleta

1 koilarakada limoi azala

1 limoi xerra

½ koilaratxo piper kaiena

1 koilaratxo baratxuri hautsa

Gatza eta piper beltza dastatzeko

¼ Kopako astigarrak almibarretan

½ Kopako oilasko salda

Helbideak:

Prestatu bainu bat eta jarri Sous Vide bertan. Ezarri 148 F. Konbinatu espeziak eta zestoa eta igurtzi txuleta gainean. Utzi 5 minutu inguru.

Irabiatu salda eta astigarrak almibarretan. Jarri xerra hutsean itxi daitekeen poltsa batean eta gehitu limoi zatiak. Askatu airea ura desplazatzeko metodoaren bidez, zigilatu eta murgildu poltsa ur-bainuan. Ezarri tenporizadorea 2 ordurako. Egindakoan, kendu eta parrilla batera eraman eta egosi 30 segundoz alde bakoitzean. Zerbitzatu berehala.

Behi eta barazki gisatua

Prestaketa + egosketa denbora: 4 ordu 25 minutu | Anoa: 12

Osagaiak:

16 ontza behi txuleta, kuboa
4 patata txikituta
3 azenario xerratan
5 ontza txalota, xerratan
1 tipula txikituta
2 baratxuri ale xehatuta
¼ kopa ardo beltz
¼ Kopako krema astuna
2 gurina koilarakada
1 koilaratxo piperrautsa
½ Kopako oilasko salda
½ koilaratxo turmeric
Gatza eta piper beltza dastatzeko
1 koilaratxo limoi zukua

Helbideak:

Prestatu bainu bat eta jarri Sous Vide bertan. Jarri 155 F-ra. Jarri haragia gatza, piperra, turmeric, piperrautsa eta ardo beltzarekin batera hutsean itxi daitekeen poltsa batean. Masajea ondo estaltzeko. Askatu airea ura desplazatzeko metodoaren bidez, zigilatu eta murgildu poltsa ur-bainuan. Ezarri tenporizadorea 4 ordurako.

Bitartean, konbinatu gainerako osagaiak hutsean zigilatzeko beste poltsa batean. Zigilatu eta murgildu bainu berean haragia egosteko denbora amaitu baino 3 ordu lehenago. Egindakoan, dena kendu eta lapiko batean jarri su ertainean eta egosi 15 minutuz.

Behi txuleta pikantea

Prestaketa + egosketa denbora: 2 ordu 10 minutu | Anoa: 5

Osagaiak:

2 kilo behi txuleta

3 koilarakada oliba olioa

2 koilarakada limoi azala

½ koilaratxo piper

1 koilaratxo oregano

1 koilarakada gurina

¼ koilaratxo piper gorri malutak

Helbideak:

Prestatu bainu bat eta jarri Sous Vide bertan. Ezarri 130 F. Konbinatu espezia guztiak eta igurtzi haragia. Jarri hutsean itxi daitekeen poltsa batean. Askatu airea ura desplazatzeko metodoaren bidez, zigilatu eta murgildu poltsa ur-bainuan. Ezarri tenporizadorea 2 ordurako.

Tenporizadorea gelditu ondoren, kendu poltsa eta moztu txuleta 5 zati berdinetan. Marritu alde guztietatik zartagin batean su ertainean 30 segundo inguruz.

Worcestershire Haragi Tarta

Prestaketa + egosketa denbora: 2 ordu 15 minutu | Anoa: 4

Osagaiak:

1 libra behi behi
1 Kopako ogi birrindua
1 tipula txikituta
1 arrautza
1 Kopako jogurt
1 baratxuri ale xehatuta
Gatza eta piper beltza dastatzeko
Glazea:

1 koilarakada tomate saltsa
2 koilarakada azukre marroia
2 koilarakada Worcestershire saltsa

Helbideak:

Prestatu bainu bat eta jarri Sous Vide bertan. Ezarri 170 F-ra. Konbinatu haragizko osagai guztiak ontzi batean. Eskuekin nahastu guztiz sartu arte, jarri hutsean itxi daitekeen poltsa batean eta osatu enbor batean. Askatu airea ura desplazatzeko metodoaren bidez, zigilatu eta murgildu poltsa ur-bainuan. Ezarri tenporizadorea 2 ordurako.

Tenporizadorea gelditu ondoren, kendu poltsa eta eraman labeko ontzi batera. Irabiatu glasearen osagaiak eta zabaldu haragi-opilaren gainean. Egosi oihal baten azpian burbuila egiten hasi arte.

behi txuleta mozkortua

Prestaketa + egosketa denbora: 2 ordu 15 minutu | Anoa: 4

Osagaiak:

1 libra behi xerra
1 kopa ardo beltz
2 koilarakada gurina
1 koilaratxo azukre
Gatza eta piper beltza dastatzeko

Helbideak:

Prestatu bainu bat eta jarri Sous Vide bertan. Ekarri 131 F. Konbinatu ardo beltza espeziekin eta isuri hutsean zigila daitekeen poltsa batean. Jarri haragia barruan. Askatu airea ura desplazatzeko metodoaren bidez, zigilatu eta murgildu poltsa ur-bainuan. Ezarri tenporizadorea 2 ordurako. Tenporizadorea gelditu ondoren, kendu poltsa. Urtu gurina zartagin batean eta gorritu haragia alde guztietatik minutu batzuetan.

Gazta txuleta erroilua

Prestaketa + egosketa denbora: 75 minutu | Anoa: 4

Osagaiak

2 piper, xerra finetan

½ tipula gorri, xerra finetan

2 koilarakada oliba olio

Gatza eta piper beltza dastatzeko

1 libra egosi alboko txuleta, xerra mehea

4 hoagie bol leun

8 cheddar gazta xerra

Helbideak

Prestatu bainu bat eta jarri Sous Vide bertan. Jarri 186 F-ra. Jarri piperrak, tipula eta oliba olioa hutsean itxi daitekeen poltsa batean. Espeziak gatza eta piperbeltzarekin. Askatu airea ura desplazatzeko metodoaren bidez, zigilatu eta murgildu poltsa ur-bainuan. Egosi 60 minutuz.

55 minutu igaro ondoren, sartu txuleta egosi barruan eta busti. Egosi beste 5 minutuz. Hori eginda, kendu poltsa eta erreserbatu. Berotu labea 400 F-ra. Moztu erroiluak erditik eta gazta gainean jarri. Labean 2 minutuz. Transferitu platera eta gainean piperrak, txuletak eta tipula.

Honey-Dijon Brisket

Prestaketa + egosketa denbora: 48 ordu 20 minutu | Anoa: 12

Osagaiak

6 kilo txahal bularra
2 koilarakada oliba olio
4 txalota handi, xerratan
4 baratxuri ale, zuritu eta xehatuta
¼ Kopako sagar sagardo ozpina
½ Kopako tomate-pasta
½ kopa ezti
¼ Kopako Dijon mostaza
2 edalontzi ur
1 koilarakada piperbeltza osoa
2 pimienta baia lehorrak
Gatza dastatzeko

Helbideak

Prestatu bainu bat eta jarri Sous Vide bertan. Ezarri 155 F-ra.

Berotu oliba olioa zartagin batean su bizian eta gorritu bularra bi aldeetatik urrezko marroi arte. Alde batera utzi. Zartagin berean su ertainean, salteatu txalotak eta baratxuriak 10 minutuz.

Konbinatu ozpina, eztia, tomate-pasta, mostaza, piperra, ura, piperra eta ale. Gehitu txalota nahasketa. Ondo nahastu. Jarri bularra eta nahasketa hutsean itxi daitekeen poltsa batean. Askatu airea ura desplazatzeko metodoaren bidez, zigilatu eta murgildu poltsa ur-bainuan. Egosi 48 orduz.

Tenporizadorea gelditu ondoren, kendu poltsa eta lehortu haragia. Bota sukaldeko zukuak kazola batean su bizian eta egosi saltsa erdira murriztu arte, 10 minutuz. Zerbitzatu bularrarekin.

Erribeye gisatua erromeroarekin

Prestaketa + egosketa denbora: 6 ordu 35 minutu | Anoa: 12

Osagaiak

3 kilo hezurrezko T-bone txuleta
Gatza eta piper beltza dastatzeko
1 koilarakada piper berde
1 koilarakada apio hazi lehorrak
2 koilarakada baratxuri hautsa
4 adar erromero
1 koilarakada kumino
1 Kopako behi-salda
2 arrautza zuringoa

Helbideak

Haragia gatzarekin marinatu. Utzi hozten 12 orduz. Prestatu bainu bat eta jarri Sous Vide bertan. Ekarri 132 F. Jarri haragia hutsean itxi daitekeen poltsa batean. Askatu airea ura desplazatzeko metodoaren bidez, zigilatu eta murgildu poltsa ur-bainuan. Egosi 6 orduz.

Berotu labea 425 F-ra. Tenporizadorea gelditu ondoren, kendu haragia eta lehortu. Konbinatu piperrak, apio-hazia, baratxuri-hautsa, kuminoa eta erromeroa. Bota txahala errea arrautza zuringoarekin, apio nahasketarekin eta gatzarekin. Jarri errea labeko xafla batean eta labean 10 minutuz. 10 minutuz hozten utzi eta xerratan moztu. Jarri haragia plater batean eta estali saltsarekin.

Solomo Jainkotiarra Patata Purearekin

Prestaketa + egosketa denbora: 1 ordu 20 minutu | Anoa: 4

Yoosagaiak

4 solomo txuleta
2 kilo patata gozoak, kuboak
¼ Kopako txuleta ongailu
Gatza eta piper beltza dastatzeko
4 koilarakada gurina
gorritzeko canola olioa

Helbideak

Prestatu bainu bat eta jarri Sous Vide bertan. 129 F-ra ezarri. Jarri ondutako xerrak hutsean itxi daitekeen poltsa batean. Askatu airea ura desplazatzeko metodoaren bidez, zigilatu eta murgildu poltsa ur-bainuan. Egosi ordu 1.

Egosi patatak 15 minutuz. Xukatu eta gurinatutako ontzi batera eraman. Nahasi eta gatza eta piperbeltzarekin ondu. Tenporizadorea gelditu ondoren, kendu xerrak eta lehortu.

Berotu olioa lapiko batean su ertainean. Marroi 1 minutuz. Zerbitzatu patata purearekin.

Txahal tarta perretxikoekin

Prestaketa + egosketa denbora: 2 ordu 40 minutu | Anoa: 4

Yoosagaiak

1 libra behi solomoa

Gatza eta piper beltza dastatzeko

2 koilarakada Dijon mostaza

1 hostore orri, desizoztuta

8 ontza kremini perretxikoak

8 ontza shiitake perretxikoak

1 txalota, zatituta

3 baratxuri ale, xehatuta

1 koilarakada gurina

6 hirugiharra xerra

Helbideak

Prestatu bainu bat eta jarri Sous Vide bertan. Ezarri 124 F-ra. Ondu haragia gatz eta piperrez eta jarri hutsean itxi daitekeen poltsa batean. Askatu airea ura desplazatzeko metodoaren bidez, zigilatu eta murgildu poltsa ur-bainuan.

Egosi 2 orduz. Jarri perretxikoak janari-prozesadorean eta pultsua.

Zartagin bero batean txalotak eta baratxuriak egosi, samurra dagoenean perretxikoak gehitu eta egosi ura lurrundu arte. Gehitu koilarakada 1 gurina eta egosi. Tenporizadorea gelditu ondoren, kendu haragia eta lehortu.

Berotu olioa zartagin batean su ertainean eta gorritu haragia 30 segundoz alde bakoitzean. Ornitu haragia Dijon mostazarekin. Plastikozko xafla batean, jarri Serrano urdaiazpiko xerrak eta hirugiharra. Jarri haragia gainean. Bilatu eta hozten utzi 20 minutuz. Zabaldu hostorea eta ornitu arrautzaz. Jarri txahala barruan. Berotu labea 475 F-ra eta labean 10 minutuz. Moztu eta zerbitzatu.

Cheeseburgers klasikoak

Prestaketa + egosketa denbora: 1 ordu 15 minutu | Anoa: 4

Osagaiak

1 libra behi behi
2 hanburgesa-opil
2 cheddar gazta xerra
Gatza eta piper beltza dastatzeko
txigortzeko gurina

Helbideak

Prestatu bainu bat eta jarri Sous Vide bertan. Ezarri 137 F. Ondu haragia gatza eta piperbeltza eta osatu patties. Jarri hutsean itxi daitekeen poltsa batean. Askatu airea ura desplazatzeko metodoaren bidez, zigilatu eta murgildu poltsa ur-bainuan. Egosi ordu 1.

Bitartean, berotu zartagin bat eta txigortu opilak gurinarekin. Tenporizadorea gelditutakoan, kendu pattak eta eraman zartagin batera. Egosi 30 segundo alde bakoitzeko. Gainitu hanburgesa gazta eta egosi urtu arte. Jarri hanburgesa opilen artean eta zerbitzatu.

www.ingramcontent.com/pod-product-compliance
Lightning Source LLC
Chambersburg PA
CBHW070355120526
44590CB00014B/1145